中共海南大学党委宣传部
海南省历史文化研究基地 | 2018 年重点项目
海南大学海南历史文化研究基地

海 大 轶 事

ANECDOTES AT
HAINAN UNIVERSITY

李长青　主编

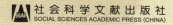

社会科学文献出版社
SOCIAL SCIENCES ACADEMIC PRESS (CHINA)

《海大轶事》编撰委员会

目　录 Content

儋州立业　宝岛生根

范南虹

历史在这里留下了珍贵的瞬间。1960 年 2 月 9 日，周恩来总理视察了华南热带作物研究所和华南农学院海南分院。也就是后来在海南家喻户晓、在中国热作科研事业上坐头把交椅的"两院"。

周总理视察"两院"，参观展览室；与"两院"师生、科研人员合影；品尝"两院"人自己做的木薯糕点；为"两院"题字。黑白相片不仅记录着周总理的风采，还记录着共和国的一段沧桑岁月：饥饿年代里，科研人员为了祖国建设需要、为了祖国战略物资储备的需要，忍饥挨饿却饱含激情地奋战在科研一线。

"1960 年，'两院'人的生活相当艰苦，每人每月仅供应粮食 19 斤和 1 两食油，根本吃不饱。周总理的到来，给处于生活困境中的'两院'人带来了巨大的鼓舞。"日前在中国热带农业科学院被称为橡胶奇人的老教授郑学勤告诉《海南日报》记者，周总理视察"两院"时，他以科研工作者的身份陪同视察，得以拍下了许多珍贵的相片，而总理"儋州立业　宝岛生根"的题字，则鼓舞着数代"两院"人白手起家、艰苦奋斗、攻克科研难关，为中国热作事业立下汗马功劳。

一 争相与总理合影

60余岁的刘康星老人，在周总理视察时，正上"两院"附小六年级，她幸运地参加了合影，而且就坐在总理的左前方。黑白相片中，小康星扎着两条长长的麻花辫，穿着一件单色的粗布衣服，脖子上系着红领巾。"总理穿着很朴素，而且平易近人。"刘康星说，那时她年纪小，记得不多，但看到是周恩来总理时很高兴。

"当时老师叫我们去科研楼前和中央领导合影，我赶快和同学们一起跑过去。"刘康星回忆，她赶过去后，一眼就认出了周总理。"只是那时年纪小，别的记忆已不多了，只记得周总理笑着招呼大家一起来合影，人就像潮水般争着拥过来，人太多了，有的人挤不过来，就站在楼上的窗口前观看，也一起被照了下来。"

郑学勤已经80岁了，他仍然清晰记得他摁下快门时的激动。"我当时用的是从德国进口的禄来相机，120黑白胶卷，照了好几张，可惜因为是我拍照，就没能和周总理一起合影。"郑学勤说，合影结束后，他把底片交回院办冲洗，相片并没有留在他个人手中，而是作为资料被保存下来。

当年任所院办公室秘书和学术秘书室秘书的王永昌老人，也有幸随同时任华南热带作物研究所所长、华南农学院海南分院院长何康陪同总理参观。他在回忆文章《亲切关怀　巨大鼓舞》中提到了一个细节：前来参加合影的人越来越多，周总理为了让更多人看到他，便站到了一张折叠木椅上，挥手向大家致意。王永昌看见了，紧张得赶快抢前一步扶住木椅。"总理向前后左右、楼上楼下的人群频频挥手，并大声招呼周围群众前来合影，真是非常亲切、非常平易。"

周总理从椅子上下来后，王永昌又赶紧掏出手帕把椅子擦干净，总理见此立即向他微笑点头，并拍拍王永昌的肩膀，以示感谢。"总理还把工人研究员曾江拉在身边坐下，和他一起合影。"王永昌回忆，曾江激动得赶紧扣好中山装的纽扣，端坐总理身边，等待照相。

《海南日报》记者曾采访过中国热带农业科学院退休后定居湛江的喻鸿飞，他告诉记者，和总理合影并没有特别安排，没有论资排辈，他当时很幸运地挤到了周总理左边的位置。喻鸿飞说，和周恩来总理合影，是他一生中最光荣最幸福的事情。

郑学勤的快门摁下，便有了这张经典的黑白相片。相片上，群众簇拥着心中敬爱的周总理，脸上绽放着幸福的笑容。

二　"木薯是地下粮仓！"

喻鸿飞还回忆起周总理视察"两院"时，品尝木薯糕点的情景。"那时生活困难，条件艰苦，'两院'也没有好的东西招待总理。"

接到周总理即将前来视察的通知后，华南热带作物研究所和华南农学院海南分院的领导专门开会研究如何接待周总理，除了精心安排组织好总理在"两院"视察参观的内容和路线外，还决定请周总理品尝热带粮食作物——木薯制作的食品。

喻鸿飞笑道："1960 年，正是'两院'历史上最困难的时期。那时，木薯是'两院'师生员工的主粮，大家靠它度过了饥饿的 3 年。"

经过大家研究决定，制作木薯糕点的任务，交给了院党委副书记吴修一身上。就此，记者曾电话采访过退休定居在广州的吴修一老先生。吴老在电话中激动地说，院党委开会研究决定，用最能反映热带特色和"两院"特色的且由自己生产的东西，制作成食品招待周总理。

吴老回忆："我母亲是潮州人，善于做各种各样的糕点。她制作的木薯糕点，先将木薯磨成粉，然后像和面一样调好，做成木薯饼，再将绿豆等杂粮煮熟后捣烂，填进木薯饼里当馅，再上锅蒸熟。母亲还把香蕉切片放进木薯糕里做馅，吃起来香甜柔软，在那个食品极度匮乏的年代，真是一种美食。"

吴老说，接到为总理制作木薯糕点的任务后，出于保密需要，当时并没有告诉母亲木薯糕点是为总理做的。当晚，吴老的母亲连夜制作了 10 多个木薯糕点。第二天，总理来视察时，吴老将木薯糕点蒸热，由警卫员送到会客室请周总理品尝。

让吴修一兴奋和感动的是，周总理非常喜欢这些普通得不能再普通的木薯点心，连吃了几个，并连声说"好吃、好吃"。总理的秘书怕总理吃坏了肚子，提醒周总理少吃点。周总理风趣地说："这是好东西，多吃一块，没有关系嘛。"

吴老回忆这一细节时，竟然哽咽难语："总理品尝木薯糕点时，我注意到总理太劳累了，嘴唇上起了好几个水泡。看了让人十分痛心！"

郑学勤还记得，总理品完木薯糕点后，便耐心询问身边的人木薯是什么东西，有什么作用。当他了解到"两院"人靠木薯充饥，而且产量较高，立即高兴地说："木薯是地下粮仓嘛，要多种植多发展。"

总理离开海南后，吴修一才告诉母亲木薯糕点是为周总理做的，吴老 70 多岁的母亲听说后激动得流下了眼泪。

三　赶到儋州请总理题字

如今走进儋州西联农场、走进中国热带农业科学院，还能看到两块石碑，上面镌刻着周总理的题字："儋州立业　宝岛生根"。

这8个字，激励着数代"两院"人和后来的热作科研工作者拼搏奋进，使我国的热作事业在60年里有了长足发展，并跃进世界热作事业的前列。尤其是作为战略物资的橡胶，不仅打破了国外关于北纬17度以北为橡胶禁区的论断，而且60年里种植面积越来越大，种植技术也越来越高，橡胶单产从最初的亩产25公斤干胶提高到现在亩产100多公斤干胶。

"不过，当初由于太激动，竟然忘了请总理题字。"王永昌回忆，视察活动结束后，送走周恩来总理，他回到办公室才发现，原来准备请总理题字的题字簿还原封未动地摆在办公桌上。

"我当时心里咯噔一惊，心想大事不好，立即向何康院长汇报此事，何康指示我立即坐车赶到儋州县委，请周总理题字。"王永昌回忆，当时条件艰苦，所谓题字簿，其实就是平时用于做实验记录的16开本道林纸。

没有什么比忘了请周总理题字更为着急的了。王永昌立即乘车赶往那大，短短9公里路程，他却觉得非常遥远。

到了县委招待所，总理明白王永昌的来意后，便慈祥温和地问他："你们要我题什么呢？"王永昌忙说："请总理指示。"总理说："你们刚从城市迁下来，迁所建院时间不长，目前生活条件还有许多困难；但是看来你们的工作做得不错，大家的精神面貌很好嘛！你就把本子放在这里吧。"2月11日，也就是元宵节，大家欢天喜地过节，何康收到了从当时海南区党委送来的绝密、亲启信件，打开一看，正是总理的题字——"儋州立业　宝岛生根"，题字簿里还夹着一张16开的白宣纸，是周总理题写的校名——"华南热带作物学院"。

郑学勤回忆，周总理的8个题字应该是来源于当时何康院长家门上贴的春联。原来，总理视察时，曾到何康家看望。当时何康在自家门上贴了一副春联："儋州落户，宝岛生根。"总理看了就对何康说："何康同志，这副对联你只写落户，光落户是不够的，还要立业啊！"

自此，"儋州立业　宝岛生根"在海南家喻户晓，也成了中国热作科研工作者追求创新、不断前进的动力。

（原文刊载于 2009 年 10 月 22 日《海南日报》。）

天涯共此时

——记江泽民在海南大学

唐玲玲

4月14日上午，海南大学校园沸腾了！

阳光和煦，海风轻轻吹拂，郁郁葱葱的椰树婀娜多姿地摇曳着羽叶，色彩斑斓的三叶梅和夹竹桃竞相开放，庆祝海南建省办经济特区五周年及第二届海南国际椰子节的彩旗迎风飘扬，幽静宽阔的海南大学校园里，充盈着椰风海韵。今天，江泽民同志视察海大，并接见师生代表。我怀着兴奋的心情，步入邵逸夫学术中心。

江泽民同志在九时零三分来到了海南大学，陪同前来的有李岚清、迟浩田等中央领导同志及海南省省长阮崇武、副省长刘明启等同志，在邵逸夫学术中心的接见厅里，济济一堂。这次被接见的除海南大学尹双增校长等学校领导外，还有几位教授代表及学生代表。

这是一次难忘的会见，是海南大学校史上光辉的一页；但这一切又来的那么自然、那么平和、那么宁静。我静静地坐在会议室里，倾听共和国主席的声音，聆听他对高等教育工作的指示。那么亲切、那么深刻，有如温暖的春风，吹进每个人的心田，顿时，我感觉到了教育园圃里有着灿烂的阳光，光明的远景也明晰地展现在面前。没有山呼海啸式的人流的激荡，没有撼山动地的豪言壮语，共和国主席像是我们的师长、我们的朋友，在我们面前倾心地娓娓而谈。江泽民同志微笑着，像平日促膝谈心一样地说着，师生们静静地倾听，并不时发出一阵阵由心灵共鸣而引起的欢笑。一时间，我好像忘记了我面对的是党和国家的领袖，而坐在我面前谈心的是一位备受尊重的、学养深厚的学者，是一位老朋友，更多的是我们的一位学长：他在传道、授业、解惑，在进行关于有中国特色的社会主义教育事业的心得的交流。江泽民同志说："我今天来，主要是看看老师和同学们。海南我来过三次，1988年来过一次，1990年来过一次，海南一年比一年有进步。"他语重心长地对海大师生说，海南大学地处海南这个特区，就是处于一个闹市之中，因为特区正在大搞改革开放，正在吸引国外合作厂家来进行投资。这里边就有一个矛盾，就是经济上要改革开放，需要有这种热闹活跃的气氛吸引人家来，但是另一方面学生念书需要有安静的环境。他回顾说："像我和李岚清同志当时都在上海读书，他在复旦大学，我在交通大学，都是离闹市区比较远的，所以我们平时跟外界也没什么联系，除非是必须买书时才出去看看，平时都不大出去。"江主席这几句话，立刻把海大师生的心拉近了。他回过头来询问尹双增校长："你们这里到市内方不方便？有没有公共汽车？"尹校长回答："有公共汽车。"江主席热情地说："反正比我们那里方便多了。我的意思是什么呢？就是现在海南这个地方的大学，一方面增强了改革开放的意识，各种信息的流通较为顺畅；但是另一方面，如何把我国的优良传统文化保持下来，如何做到智育与德育的有机结合，就成为一个不容易解决的问题。"江泽民同志强调要吸收世界上所有国家的优秀的文化、技术和科学的管理经验，而首先是要继承我们伟大的中华民族传统道德观念。如果我们的学生都具备这些道德观念，那事情就比较好办了。

江泽民同志非常关心青年学生的学习，他循循善诱地说，青年学生要利用大好时光，努力学习，好好念书，大学跟中学不一样，学生都具备基础知识，主要靠自学。"我不知道你们晚上自习情况怎么样，我们当时在上海交大学习，晚自修是要到图书馆抢位置的。"他继续说："知识必须是靠积累，需要点点滴滴地积累，必须是非常地用功，青年人有个好处，就是思想解放，但是不能解放到志大才疏。要修身齐家治国平天下，国家兴亡，匹夫有责。靠什么呢？要靠自己的本事。今后的世界竞争最主要的就是知识力量的竞争。青年人要珍惜大好时光，好好地念书，国家为你们创造了很多的条件，要好好珍惜，未来是属于你们的，我们这些人已经年逾花甲了。"共和国主席的话语，像涓涓细流，滋润着我们的心。

江泽民同志对大学生关怀备至。他问道："今天有学生在座吗？"一位学生代表站起来回答。江主席接着又亲切地对他说："你把我的话告诉同学们，对于学生来讲，要提倡艰苦朴素、勤俭节约，海南这个地方念书有个很好的条件，就是信息流通比较顺畅，但是另一方面，恐怕这个地方也有酒绿灯红吧？酒绿灯红不要紧，我们搞改革开放是必然出现的。但是青年学生不要在这种现象面前糊涂了，那是不行的，不要被酒绿灯红所惑。"江泽民同志还强调说，大学生从学校毕业出来，可不能写字还像螃蟹爬似的。他希望海南大学的学生要争气。他说："你们这里气候很宜人，我们常说一年之计在于春，这里一年到头都是春，条件太好了。"

这些由衷的话语，一句句融化了师生们的心。我们这些年来产生的暂时困惑和心结被解开了。我们对教育事业执着的感情，共和国主席非常理解；他的谈话，道出了我们心灵的呼声，说出了我们在教坛上对莘莘学子的期望。

接见已近一个钟头，结束时，江泽民同志等和我们合影留念。影毕，江泽民同志、阮崇武同志等与我们一一握手。然后，参观农学院的海洋生物标本室和学校的图书馆。在图书馆的阅览室里，学生们放下书本，簇拥过来，围着主席。江主席和青年学生们一起进行无拘束的对话，那是两代人心声的交流，一时间，阅览大厅里充满了融洽、热烈、祥和的气氛。江主席还和在场的青年学生，兴致勃勃地共同朗诵苏东坡的《水调歌头》（明月几时有）、《念奴娇》（大江东去）、《江城子》（十年生死两茫茫），他对苏东坡词那么熟悉、那么喜爱。海南是苏东坡晚年生活的地方，今天，共和国主席与学生共同朗诵东坡词，令人格外感动。这时候，恰好是上午课间休息时间，同学们蜂拥般走出教室，教学大楼的层层走廊、绿草如茵的草坪上，站满了幸福的年轻人，江泽民同志向广大学生挥手致意，并慈祥地对同学们说："海大环境这么好，你们努力学习吧。"啊！共和国主席如此赞美海大、鼓励海大，海大的师生们，一定不负众望。刹那间，海南大学校园内欢声雷动，一颗颗热烈的心在跳动，一张张青春的脸绽开欢笑，是幸福！是应诺！是在下定决心！这时候，海南大学师生的情感沸腾了，海南大学光辉的未来展现在眼前，共和国主席的教导铭刻在人们的心间。

1992 年 4 月 14 日写于海南大学听涛轩

（原文刊载于 1993 年 5 月 13 日《海南大学报》。）

李岚清同志海南大学讲座侧记

陈成智　谭丽琳

一次特别的讲座。

听这样的讲座，你可以欣赏许多中外经典音乐；可以欣赏一位退休老人的"另类篆刻"；可以聆听合唱队现场演唱、男声二重唱；可以聆听现场钢琴、小提琴演奏的中外名曲；可以细细品味音乐大师们的人生；可以体味这位老人的音乐情怀与艺术人生……

从2004年底开始，这位年逾七旬的老人不辞辛劳，先后奔走全国50多所大学，把自己对音乐、对艺术、对人生的独特体验，与广大青年学子分享，激发了更多青年人提高文化艺术修养的热情。

这位老人就是中共中央政治局原常委、国务院原副总理李岚清。12月1日下午，在海南大学联谊馆，他带给了海南高校师生一场音乐和艺术的盛宴……

一　身心健康可以"自己不受罪，家人不受累，节省医药费，有利全社会"

对于许多大学生来说，曾经身居高位的党和国家领导人，卸任后过的是怎样的一种生活，始终带着点神秘感。

李岚清说，他卸任后做的事情简单讲就是八个字：健身、健脑、读书、写书。而健身健脑，可收"自己不受罪，家人不受累，节省医药费，有利全社会"之效。

幽默而又生动的二十字，赢来热烈的掌声和笑声。

李岚清健身健脑的秘诀是什么？畅谈自己在网球、游泳、桥牌、篆刻、读书、写作上收获的健康和快乐之后，李岚清带出了讲座的重点——音乐。

李岚清说，音乐有助于培养人的创新思维，激发创造灵感，帮助开启人生智慧的大门。借助多媒体演示，李岚清用丰富的中外事例，为自己的说法佐证。

"许多人不仅是大科学家、大经济学家，还兼具丰厚的艺术修养。"

李四光、袁隆平、钱学森、爱因斯坦、格林斯潘……这些人的名字我们耳熟能详，可有几个人知道他们除了会勘探地质、会琢磨水稻、会研究导弹、发明了相对论、深刻影响美国经济外，还会什么？

李岚清的讲座告诉听众这些大师的另一面：

大家有谁知道中国第一首小提琴曲是谁创作的？是新中国的第一任地质部部长李四光。他创作了中国第一首小提琴曲《行路难》。

袁隆平是研究水稻的，他给人的感觉，也总是戴着草帽、挽着裤腿在田里搞科研。实际上他小提琴拉得不错，我请他登台演奏过。

著名科学家钱学森，在音乐、绘画、摄影等方面都有较高的造诣。他在上海交通大学学习时，就是一位出色的圆号手，他还出版过《科学的艺术与艺术的科学》一书。

爱因斯坦的小提琴演奏水平相当高，他从 5 岁开始演奏小提琴，小提琴是他一生中最喜欢的乐器。

原美联储主席格林斯潘，原本就是科班学音乐的，学习之余还参加爵士乐队。后来因为乐队不景气，才到纽约大学攻读商业经济……

"一个人能够拥有很高的素养，和他具有深厚的文化艺术底蕴是分不开的。"李岚清说。

二 "流行的通俗音乐好比'快餐''零食'，我想，青年人还应该多吃点'主食'，那就是经典音乐"

放眼身边的青年人，他们的 MP3 和 CD 机、电脑中，播放的更多的是流行的通俗音乐，"哈韩""哈日"之风日盛。

"我不反对当代青年人喜欢流行的通俗音乐，但是只会、只喜欢流行的通俗音乐是不够的，大学生应当有欣赏经典音乐的能力和修养。"李岚清说。

他举了个形象的例子：流行的通俗音乐好比"快餐"和"零食"，青年人要想真正在音乐中汲取丰富营养，只吃"快餐""零食"是不够的，还必须多来点"主食"，"主食"是什么？就是经典音乐。

"经典音乐所具有的文化含量和审美价值，更有利于提高人的精神素质和文化涵养。"李岚清对经典音乐的理解是：旋律优美、寓意深刻、久盛不衰、百听不厌。

说到这，李岚清用英文唱起了优美感伤的《念故乡》，他说这段旋律来自德沃夏克的著名交响乐《自新大陆》。在他看来，我国音乐家马思聪的小提琴协奏曲《思乡曲》也一样富有感染力，在他的邀请下，海大艺术学院教师现场演奏了这首名曲，浓浓的乡愁一时弥漫整个海大联谊馆。

让学生们沉醉的经典音乐，还有穆索尔斯基的《莫斯科河上的黎明》。

刘半农作词、赵元任作曲的《教我如何不想他》，备受李岚清推崇。

李岚清同海大艺术学院音乐教师一起放声高唱：

> 水面落花慢慢流，
> 水底鱼儿慢慢游。
> 啊！燕子，你说些什么话？
> 教我如何不想他？
> ……

深沉而又奔放的歌声，深深地感染着现场的每一位听众。

记者身边的大学生们说，这是一次讲座，又是一次难得的高雅音乐欣赏会。

三 "音乐工作者也要多做普及工作，不要使经典音乐总在高高的殿堂"

聂耳的《义勇军进行曲》、冼星海的《黄河大合唱》、阿炳的《二泉映月》的故事，莫扎特、贝多芬、约翰·施特劳斯的不朽人生，一次又一次地让现场听众动容。

"有些人对我说，不懂欣赏经典音乐怎么办？对一个音乐爱好者来讲，我觉得不存在懂不懂的问题，只有好不好听的问题。培养对音乐的兴趣因人而异，我是从对音乐家的好奇入门的。音乐工作者也要多做普及工作，不要使经典音乐总停留在高高的殿堂。"李岚清说。

"我国的艺术教育包括音乐教育还比较薄弱，青年人艺术修养总体来说还比较欠缺，我欣赏冼星海的那句话，'我的主张是要把音乐普遍全国，使中国音乐化'，我做这样的讲座，就是为了实现冼星海的遗愿！"李岚清说。

"他带给我们充满享受的 3 小时，让我们领略了音乐的无限魅力！"海南大学大四学生杨俊刚听完讲座后说。

海南大学艺术学院音乐系主任李群山说："在聆听讲座之前，我已经看过李岚清同志的《音乐·艺术·人生》一书，他长期担任党和国家领导人，对音乐、对艺术却能有如此深刻的理解，让我们感到吃惊！"

四 "人才培养和生态保护是海南可持续发展的两大法宝"

这已经是李岚清第三次与海大结缘。1993 年和 1998 年，时任党和国家领导人的李岚清，曾先后两次到海南考察，并对海大的发展提出殷切期望。

李岚清说，他清楚地记得，1993 年陪同江泽民同志到海大考察时，问及学生学风，当时的校长坦诚地答："不好！每天晚上图书馆的灯头比来学习的学生还多！"

校长的回答给李岚清的触动很大，他开始深入思考如何激发在校大学生的学习积极性，促进高校学风的进一步好转。而那次在当时的华南热带农业大学看到高校教师居然住茅草房，李岚清下决心在全国推动高校体制改革和后勤社会化改革。"不过，这次来我很高兴地听到，海大图书馆的位子如今非常紧俏，要提前把书包放在那里才占得到座位。"李岚清笑着说。

李岚清还对在座的领导干部和高校师生说："人才培养和生

态保护是海南可持续发展的两大法宝，只要抓住了这两个法宝，我相信，海南的前景是无限美好的！"

讲座的最后，李岚清与现场听众起立，高唱《歌唱祖国》，深情激越的歌声，在海大联谊馆久久回荡。记者注意到，不少师生在演唱时眼含泪花。

"音乐的魅力在于它能使生活更有情趣、思维更有创意、学习更有实效、工作更有效率、领导更有艺术、人生更加丰厚。我希望，大家都成为经典音乐爱好者！"李岚清说。

讲台上足足讲了 3 小时的老人毫无倦意。他用他的健康、博学、智慧、多思，实实在在地告诉我们：健身、健脑、读书、写书是多么快乐，沉醉在中外经典旋律中的感觉是多么美好！

（本文原刊载于 2006 年 12 月 4 日《海南日报》，
收入本书时标题有所改动。）

三个海南大学

海南大学有三个？对。

一个是 1947 年创办的私立海南大学，一个是 1983 年创办的海南大学，还有一个是 2007 年原海南大学与原华南热带农业大学合并后的现在的海南大学。有点儿烧脑吧？咱们一个一个说。

一　第一个海南大学

1947 年的海南大学，是海南籍的海外侨领与海南籍的官员将领宋子文、陈策等，加上颜任光、梁大鹏等具有社会影响力的仁人志士以及教育界的海南籍教授、专家，一起发起并筹资创办的。当时的社会名流和一些琼籍爱国侨胞联合成立了私立海南大学筹委会，学校领导基本都是国内外的海南籍人士。这开启了海南历史上创建高等教育的先河。但由于建校心切，私立海南大学董事会于 1947 年秋成立后，未经立案，即于当年 11 月招生开学，到第二年 5 月才拟妥文件，申请立案，这一疏失险些让刚刚成立的海南大学失去办学资格。

1948 年，国民政府教育部准予立案，但要求修改某些条文措辞。海大董事会经由广东省教育厅再次呈交备案材料，至此董事会立案问题算是完全解决了，但对于海南大学本身的立案，教育部仍不肯放松审查。1949 年 6 月，国民政府教育部派督学阮康成赴海大视察。国民政府教育部阮康成视察至 8 月底，后向教育部提交报告，要求扩大本岛招生数。阮康成指出，当时的私立海南大学学生以外地人为主，本岛学生仅占 1/4，因此他建议，应设法多收本岛学生及华侨子弟，"以宏设校初衷"；还应重农医发展，当时海南岛急需人才，尤以农医最为迫切，因此阮康成建议，应着重发展农医二学院，而文理学院的教育系及数学系仅学生一二名，形同虚设，不如暂时停办；图书仪器有待添置，当时私立海南大学的图书仅一万余册，其中多数为文学类，字典、百科全书等尤其缺乏，而仪器方面，仅够普通实验用，研究性工作无法开展。

1949 年 8 月中旬，国民政府教育部正式批准海大立案。1950 年 4 月，海南岛解放，随即私立海大撤销，在原址上建起了南方大学海南分校。1952 年南方大学撤销。

二　第二个海南大学

1983 年创办的海南大学是今天海南大学的正统前身。1983 年，面对改革开放的大潮，作为全国最大的侨乡之一，却没有一所真正意义的大学。全境学校有专科几乎无本科，有医学法律无工科，就连唯一勉强可称本科的华南热带农业大学，也是只有 1000 多人的小规模学校，并且属农业部管。建立一所大学谈何容易，更何况一建就是本科院校，而且是在这样的境况下，筹建难度不言而喻。

1983 年，海大筹备会在深圳开幕，发起人中一大部分都是海外的侨领。时任西安交通大学党总支书记李昌邦先生，受邀回海南访问，其间广东省高教局局长李秀红邀请李昌邦先生回来一起建海南大学。经过慎重考虑，李老做了很重要的决定——回海南筹建海南大学。

当时的建校方案是将海师、海医和一个在道美的农业培训班（名义上是农学院）共三所具有多年办学经验的专科学校合并。虽然名为合并，但当时大家的共识是建立综合性大学，是以合并之名，行综合重建之实。合并之后，海师变成师范部，海医变成医学部，分别成为海大的一部分，但海师和海医并不搬至海大校址，仍在原地办学；农学院因在道美农村且人数很少，直接搬进海大。除合并的三部分外，学校集中力量建设了海南经济社会发展需要的新学科、新专业，例如工学院、法学院、经济学院等。后来一个接一个的学院成立，基础力量很快打好了，综合性大学的框架也建构了起来。

确定建校之后，面临在何处建校的问题。当时主要有两个选择：一是在海南师专（现海南师范大学）的校址基础上扩建，但那个地方不大，而海医比海师还小；二是在海甸岛弄一块地。那个时候海甸岛没有马路，没有水泥路，没有柏油路，没有高楼大厦，只有一部分居民在这块地周围居住。这个地方是华侨选定的，因为他们有发言权，于是政府当即划了3000亩地给海大。这就是今天的海南大学。

慢慢地发展了几年，海师、海医觉得不利于自身的发展，想要重新独立。李昌邦老书记等学校领导考虑到它们原来都是独立学校，现在想要重新独立发展也有道理，对于高校贫瘠的海南来说，多有几所高校也有利。于是在1986年和1989年，师范部和医学部相继独立，脱离海南大学分别成立海南师范学院和海南医学院。

三　第三个海南大学

21世纪初，海大再次面临变革的挑战——全国的最后一批

"211 工程"要关门了，因为超过了原定的 100 所。李昌邦老书记等学校领导当时了解到的信息不容乐观：海南省没有一所大学能够进入"211"，包括海南大学。对于海南大学不能进入"211"的原因，李书记是十分清楚的——海大没有博士点，学科建设差。当时李老向著名港商邢李㷧先生募捐科研项目经费 1000 万元，这些钱主要是用来引进每个学科的优秀带头人、建设设备和人才团队的，以此支持海南大学五个重点学科建设，希望这五个学科能申请到博士点。

然而五个学科引进的人才很少，博士点的建设也不是一朝一夕就能立竿见影的。海南省教育厅就向教育部请示协商。教育部表示海南省政府可立个项目——华南热带农业大学与海南大学合并，强强联合，这样新学校就有可能进入"211 工程"。

说到华南热带农业大学，它的前身是 1958 年在海南儋州市宝岛新村成立的华南热带作物学院。1996 年，华南热带作物学院更名为华南热带农业大学。这所学校与中国热带农业科学院紧密结合，并称"热作两院"，被誉为我国热带农业科教领域的"双子星"。多年来，"两院"人经过艰苦卓绝的努力，使我国成为世界上唯一在北纬 18~24 度范围内大面积成功种植橡胶的国家，并由原来的植胶空白国，奇迹般地崛起为世界第五大产胶国，奠定了在橡胶和热带农业科教领域独一无二的地位，学校本身也成为我国热带农业作物的王牌之一。

根据人民网海南视窗 2007 年 7 月 31 日李利君报道，当时是两位老教授点亮了"两校合并"的指示灯，他们是海南大学教授、国家级有突出贡献中青年专家张本和华南农业大学教授、博士生导师郑学勤。

2005 年 9 月，教师节前夕，时任海南省委书记汪啸风到海南大学慰问时，张本把一份《关于合并海南大学与华南热带农业大学的建议》当面呈报给省委书记。他们提出的主要理由有如下五条：

一、利于早日进入"211工程"，获得国家更多支持，提升海南高等教育的地位。

国家对进入"211工程"的高校在整体条件、重点学科、高等教育公共服务体系建设三个方面都提出了具体要求，然而海南大学至今没有博士点和国家级重点学科或重点实验室，难以参与申报"211工程"的激烈竞争。华南热带农业大学现拥有7个博士学位授权点，1个国家级重点学科，2个部级重点学科，1个博士流动站，并建有1个国家级重点实验室，在国际、国内享有较高的声誉，但不是综合性大学而难以跨进"211工程"的门槛。两校合并可以取长补短，相得益彰，可以满足申报"211工程"条件。

二、利于建设特色鲜明的优势学科，提高我省高校在全国的地位，推进学校本身和地方经济发展。

海南省热带海岛和南海热带海洋的资源和环境优势突出，开发潜力巨大。依托地域优势加快特色学科和优势学科建设，对推进学科发展和地方经济建设意义远大。两校合并后，有利于科研和教学资源的共享，优势互补，可望逐步把学校建设成为国内外有影响的热带农业、热带海洋的科教中心。

三、有利于推进人才战略的实施，加快科教兴琼步伐。

海南大学在省政府和国家的大力支持下，近年引进大批高职称和高学历人才，学科建设大大加强，学校发展加速，但因博士点建设难度大，难以稳定高档次人才；华南农业大学本部远离城市，引进人才和留住人才的地缘条件较差、困难较多。两校合并后，校本部设在海口海南大学现址，华南农业大学儋州校区作为教学实习基地，互惠互利，可促进事业留人、条件留人、环境留人。

四、有利于中国—东盟自由贸易区计划的实施。

海南省相对于我国内陆省份，在热带资源、南海环境和区域条件方面，更接近东盟诸国，所以加强特色鲜明的实力强大的综合性大学建设，有利于"产学研"结合，有利于加强与东盟各国的产业—科技—教学之间的沟通和互信，是实施中国—东盟自由贸易区计划不可或缺的一个重要组成部分。

五、有利于精兵简政，实现省和国家资源共享。

一是为显示海南特色和区域优势，两校合并后仍称"海南大学"为好，但要协调好与农业部的关系，中国热带农业科学院的体制保持不变。二是体制与隶属关系基本不变，新的海南大学可由教育部、农业部、科技部、财政部与海南省政府共建。三是校址选择，学校本部在海南大学现址，这里占地2平方公里可办成三万人规模的大学；儋州宝岛新村华南热带农业大学校址可作为学校的教学实习基地和产学研结合基地；海口市城西华南热带农业大学分部作为中国热带农业科学院的选址，国家重点实验室等科研单位设置在这里，建成科研基地。

时任省委书记汪啸风当天做了批示，要求进行可行性研究。

之后教育厅告诉负责的相关人员，并校必须有省政府有关部门同意才能具体进行，要有权威机构提出研究报告给这些部门做参考。

因此，海大理事会聘请五个人组建了一个学科组，开展建设海南省国家级高水平大学的研究，以及研究进入"211"后海大如何发展，李昌邦书记就是这个学科组的副组长。研究报告出来后，海大理事会专门开了一次全体理事会议——二届一次会议。

会议得出两个结论：第一，并校，或是两校并或是三校并；第二，校名必须是海南大学。会议形成决议，并以理事会的名义给省委、省政府写报告陈述这两个建议。

2007年8月14日，由华南热带农业大学与原海南大学合并组建新的海南大学。一般认为，新的海南大学的历史以原华南热带农业大学的创建时间（1958年）为起点。2008年12月，海南大学终于如愿获准进入国家"211工程"重点建设高校行列。之后，教育部拨了不少资金建设新海大，海大的硬件和人才建设都有了加速发展，如今的海大已是"国家卓越工程师教育培养计划""国家卓越法律人才教育培养计划""国家首批卓越农林人才教育培养计划"改革试点高校，以及国家"中西部高校综合实力提升工程"入选高校，是"中西部高校联盟"主要成员。

说到这里，就会发现，海南大学不止有三个，要是把原华南热带农业大学也算上，那就有四个了。

老校长尹双增和老书记李昌邦等人不约而同地特别强调，海外华侨尤其是琼属华侨，在筹划和建设海南大学中做出的贡献不可估量。他们不仅提出筹建海南大学，并成立了海南大学筹备委员会，而且在学校发展方面毫不吝惜地在资金经费、学术研究、业务活动等方面给予支持，在海大的历史上画上了浓墨重彩的一笔。直到今天，海外华侨对海大的发展仍是一支重要的力量。

海大筹建、创立、发展和变革的艰辛远不是本文的区区数字能简单概括的。我们手边的书籍、脚下的土地、身边的大楼、东坡湖泰坚楼、思源学堂图书馆，都离不开一群默默无闻将全部人生奉献给海大的老前辈，这是每一代海大人都不应忘却的历史。

草房大学

李维维

2007 年 8 月，华南热带农业大学与原海南大学合并组建成了现在的海南大学。追溯历史，在 60 年前，华南热带农业大学在创业之初曾经只有 16 栋草房子，被称为"草房大学"。

原华南热带农业大学创建于 1958 年，早期叫作华南农学院海南分院，后来改称华南热带作物学院，与创建于 1954 年的中国热带农业科学院紧密结合，并称"热作两院"，被誉为我国热带农业科教领域的"双子星"。"两院"最早的单位名称是华南热带林业科学研究所，它是在新中国成立不久，朝鲜战争爆发后，帝国主义对我国实行经济封锁，国家急需橡胶的紧迫形势下创办起来的。

"热作两院"作为全国天然橡胶科教事业的中心，从 1952 年开始筹建，1954 年正式建立"华南热带林业科学研究所"，1958 年迁至海南儋县。当时从海口市西行 141 公里，就是儋县的铺仔墟，由此再往西约 2 公里，跨越小溪上的愚公桥，再走到尽头，就会看到一片种有香茅、木薯等作物并夹杂灌木和茅草的红土地。这片红土地被大家相中以作为"迁所建院"的院址。刚从广州南秀村迁来的华南亚热带作物研究所和筹建华南农学院海南分院（华南热带农业大学前身）的教职员工，在讨论研究所和学院的建设方案时，一致同意把这片从来没有名称的红土地命名为"宝岛新村"。老"两院"人便在宝岛新村扎根，在荒野中建起家园和学校。1960年周恩来总理来视察时题字："儋州立业 宝岛生根。"

为了培养华南热带垦区的专业人才而创办的华南热带作物学院，就是后来的华南热带农业大学，在研究所准备搬迁到海南时，何康所长设想，研究所搬到生产基地后，应把科研、教育和推广结合起来。当时华农派出由李锦厚副教务长带领的7名教师，并将我国著名柑橘专家钟俊麟教授从华农借调来研究所，主管教学工作。当时的华南热带作物学院，即今天的海南大学儋州校区。

在当时严格的计划经济体制下，又在农村基层，远离城镇，没有社会依托，各种科教仪器设备以及日常生活所需，如食物等，均靠当时的专家学者们自己组织订购、转运甚至生产。学院开办，接着就开始招收学生，那么问题来了，学生来了在哪里上课、住宿、学习？1958年4月创办学院，9月就要开始上课，时间紧迫，完全靠国家的建筑单位已经来不及，只好组织职工自己动手，首先盖起了16栋茅草房，作为学生食堂、教室、图书馆。开学的时候，师生们到达当时的校址所在地时，举目四望，只见散落在一片荒草地上的几幢草房子，既没有大门，也没有任何学院的标志，于是一位老师脱口而出："啊！一所草房大学！"也许是因为当时正处于全国"大跃进"的形势之下，大家对此情此景也能接受，都没有太大的情绪波动。于是，"草房大学"这个名称便传开了。如今的宝岛新村高楼林立，昔日的"草房大学"遗迹已经找不到了。可是"草房大学"却是"两院"人心中抹不掉的回忆。

在"草房大学"刚刚建立之际，就有十二级强台风自东而西横扫海南岛。当时的"草房大学"尚不供电,虽四面透风,但并不透光,就连白天也得偶尔点上煤油灯。没有电的"草房大学",自然也听不到天气预报,对于一群来自内陆的教授们而言,更看不懂泛红的云快速移动的含义,他们当时只觉得好看,并不知道台风将至。于是一切照常,他们依旧平静地上课,没有避风,也没有对茅草房进行加固。到了晚上风越刮越大,就连煤油灯也点不上了,大家依然没有认识到事情的严重性,只是安静地睡着。"草房大学"被狂风暴雨不停地袭击,终于惊醒了一群睡梦中的人。他们看着茅草房向南压至倾斜,越压越低,眼看草房倾倒,被雨水淋湿的一群人才落荒而逃。也许是受到了上天的眷顾,第二天依旧阳光灿烂,昨夜被台风向南吹倾斜了的茅草房,经台风回南又被奇迹般地扶正。尽管茅草房里满是泥浆,但损失不大,因为什么也没有,自然谈不上损失,太阳晒一晒,又照常上课了。

原来,什么都没有的年代是不用担心自然灾害带来的物质损失的啊!

"草房大学"的屋顶和墙壁都是纯天然的茅草,地面自然也是纯天然的——房内房外都是耀眼的红土地。"纯天然"的居舍,自然少不了蚊虫的陪伴。大家津津有味地听课时,总会有虫子从天而降,为大家的课堂增添一丝惊恐与喧哗。为了减少这种"趣味性的事件",大家把破床单高高地平拉挂好,这便是"天花板"了。从此虫子是不会再直接掉到身上了,可是蛇又开始在教室里游走。一次,大家正在聚精会神地上课,只听到什么东西在墙角爬动,大家回首看到了一条蛇,有内陆来的学生是第一次见到真正的蛇,吓得大叫,惊动了旁边屋子的保卫科长钟标文同志,他是海南人,对此见惯不怪,便拿起锄头三下五除二把蛇置于死地,然后在房门前挖个洞把蛇埋了。但次日清晨,这条半死不活的蛇居然在洞口挣扎,许多学生又被吓了个半死。幸好,那条蛇受伤过重，最后没能挣扎出来。

"草房大学"还真是一幅大自然的景象！

草房上马的大学开学伊始，上课当然也只能在茅草房里进行，茅草房的教室里除了一块木质黑板，再无其他的教学设备。当时的教室，就连基本的照明灯也没有，白天大家就着微弱的光线学习，晚上就点上煤油灯。华南热带农业大学董建华教授回忆道："当时的理论课还比较简单，几支粉笔和一块黑板就可以解决，但是实验课就麻烦了，因为没有实验设备。"最后，老师们就借一些科研设备，比如显微镜等，再手工制作实验所需的切片刀具等，进行了一堂又一堂生动又艰辛的实验课。看来那时候的实验课是实验手工兼修啊！

再后来，砖木结构的职工宿舍和水泥钢筋结构的学生宿舍楼、研究大楼先后建成，实验设备也更完善了。

然而，当年轻的热带作物学院还没牢固地站稳脚跟，还没从"草房大学"以及在荒野上创办高等学府的艰苦环境中解脱出来，一场全国性的经济困难又迎面而来。当时国家物资紧缺，能给教职员工提供的口粮有限。缺少食用油，就用处理过的橡胶籽油炒菜；没有烟抽，就用木瓜叶、地瓜叶晒干揉碎当烟抽；没有菜吃，就出去挖野菜；没有肉吃，就把非洲大蜗牛用草木灰除去黏液后煮了吃；还有人培育了一种食用菌当"人造肉"……总之，只要是能吃的都找来填肚子，并且都取了好听的名字，比如把野菜、空心菜、地瓜叶等称为"革命菜""无缝钢管""满年青"等。

海南不生产煤，在当时的生产条件下，想要从大陆运来煤烧是一件奢侈又不大可能的事，所以当时的燃料就是山上的木材。在宝岛新村建立之初，公共食堂所需的柴，单位会组织砍伐，但是各家各户就要自行砍伐了。因此，"打柴"便成为"两院"教职员工的必修课。每周末，便是大家一起上山砍柴的日子，家家户户带着砍刀、锯子等走到或近或远的山上砍柴，准备下一周所需的柴火。当时的胶林有干枝，这些干枯的枝叶易燃烧且燃值高，搬运也方便，捡干枝便是大家最喜欢的一种打柴方式了。但是，干枝并不是随时都有的，当干枝没了，大家便把目标定位于矮小的灌木丛了，在当时的宝岛新村，灌木丛比较常见，也方便砍伐，但不足之处就是小灌木燃值低，砍一大堆，几天就烧完了。再后来，大家便不得不把目光转移到燃值不高又难砍的大榕树上。再后来，植物园仅有的几棵枫树也被砍了，这也许便是植物园至今见不到枫树的原因了。最壮观的打柴活动要数台风过后了，一阵台风后，胶林要经受不小的损失，有的橡胶树被拦腰折断，有的树枝断裂，总是一片狼藉。每当这个时候，大家便成群结队来到胶林拾柴，平时寂静的胶林，台风过后欢笑声、吆喝声、锯木声此起彼伏。

尽管条件艰苦，但没有人退缩，大家依然勇往直前，为橡胶事业培养了一批批优秀的人才，促进了中国橡胶事业的发展。在橡胶与热带经济作物的育种、栽培和加工领域取得了大批令世人注目的科研成果。

儋州立业，宝岛生根，这既是华南热带农业大学校史的一部分，也是现在的海南大学早期历史的一部分。

1983年海南大学创办的台前幕后

蔡 葩

1980年前后，随着知识分子政策的落实和知青回城大潮，海南出现了历史上少见的人才流失现象。于是，建立一所综合性大学，培养大批扎根于本土的人才，便成为当务之急。

光阴轻轻划过，20多年前那个激动人心的消息似乎还回响在耳边。

1981年2月20日，中共海南行政区委员会召开会议，第一次正式提出筹办海南大学，"贯彻国务院指示精神"，认为在"大力发展海南经济建设的同时，必须重视海南智力资源的开发，大力积极发展教育事业，尤其是高等教育事业……不论从政治影响或从海南经济建设和教育事业来考虑，现在都有必要复办海南大学"。

会议提到的"复办"两字，让知情者联想到1947年开办、1950年停办的私立海南大学，它和1949年建校的海南师范学院（后并入华南师院），曾是海南历史上唯一的两所高等院校。可惜的是，它们在时代的风云变幻中或被整顿或被调整合并了，几百万人口的海南岛竟然没有一所自己的大学！1959年筹建的海南师专，直到80年代初还只是一所专科学校。

30多年后提出"复办"海南大学，在很多人心中激起波澜。

在"复办"的背后，有着许多不为外界所知的艰难历程。近日，记者有幸采访了时任海南师专党委书记兼校长的李光邦先生。他是积极筹办海大及直接参与者之一。已经83岁高龄的李老忆及当年情形，仍感慨嘘唏："在中国经济刚刚复苏、某些秉权者的观念还很僵硬的时候提出复办大学，所受到的阻力大大超出我们的想象。"

一 办"海大"：海内外的共识

李老回忆："早在1977年春，海南籍的美国加州索玛诺大学教授林汉生博士便向有关方面提出海南应该办一所大学的建议。同年4月，他率领几位美国友人来海南参观考察，和我交谈中又提出办大学的问题。6月，他返美后给我写来一封信，再次提及办大学的建议：'海南情况比较特殊，依一般认识，海南人口将近500万，而资源之丰富，很少地方可以比拟，依理可以建立一间比较健全的大学。至少应有工学院及工业专科学校。'这是他第三次建议了。"

"他的建议同当时海南有识之士的意见是一致的，因此，我将他的建议和自己的观点，向中共海南区委员会（以下简称海南区党委）副书记林树兰同志上报，正式提出筹建大学的建议。树兰同志诚恳地接受我的建议，并同意提交海南区党委讨论。不久，树兰同志对我说：'海南区党委认为目前办大学的条件和时机尚未成熟，以后条件成熟时再讨论。'"

直到1980年7月，教育部肖岩副司长带几位同志来海南师专视察指导工作，李光邦等筹办海大的念头再次涌动。李光邦向肖岩汇报工作时着重提到海南应办一所综合性大学，得到了肖岩的赞同。她说："你们可以把这个意见向教育部写个报告，也给我寄一份，以便我在部里帮你们做工作。"1980年冬，经多方运筹，海南区党委做出了关于筹办海大的决定。这个决定在海南上下得到空前的呼应。

二 筹办海大的第一个方案

"1980 年 11 月,林树兰同志特地到海南师专找我,传达了海南区党委关于筹办海大的决定,要我负责起草方案。我立即主持召开了海南师专部分领导干部和教师参加的座谈会,研究如何制订方案,并指定卓蔚然副校长负责具体工作。"

李老继续讲述:"在酝酿、讨论方案中,大家提出各种意见。有人主张以海南师专为基础,建立新海大;有的提出将海南师专、海南医专、海南农学院(海南区党委批办的,未经国务院正式批准)合并办海南大学;有的建议另找地方单独办。干部和群众对办大学都非常关心。经过反复酝酿、研究后,绝大多数同志认为当前国家处于调整时期,从国家和海南的情况出发,以海南师专为基础建新海大是切合实际的,既少花钱,又容易取得上级的批准。我们根据多数人意见,在方案中倾向于以海南师专为基础筹办,并于 11 月底将方案送交树兰同志。"

1981 年 1 月中旬,海南区党委正式讨论通过筹办海大的方案,同意以海南师专为基础,在海南师专的校址上筹办海大,并在此基础上以海南区党委、海南行政公署的名义,起草了一份关于筹办海南大学的报告。"1981 年 3 月,我们将海南区党委的批文和报告带到广州、北京,向中共广东省委、省政府和教育部请示关于筹办海大问题,以上我称为筹办海大的第一方案。"李光邦说。

三 在广州遭遇冷水战

筹办海大的报告,经海南区党委、海南行政公署签发后,李光邦和海南区党委常委、海南行政公署副主任黄大仿商定,春节后动身北上。

"记得是 1981 年 3 月 1 日，我和黄大仿、黄良乙、邓坚乘飞机抵穗。当我们热情高涨地递上报告给广东省文教办、高教局有关领导时，迎头泼来一盆冷水。没等我们汇报完，主管领导便说，'目前中央精神是调整，不是发展，海南办大学的条件不成熟'，'报上国务院也不会批的'……尽管我们反复说明办海大的必要性和有利条件，他们还是坚持己见，不同意再考虑。"

没有高教局的支持，下一步该怎么办？李老回忆，回到广州入住的招待所后，大家议论纷纷，认为要说服高教局领导改变态度，支持我们办大学是不可能的。怎么办？遇难而退，收兵回朝，还是知难而进，到北京去争取支持？"最后我们认为筹办'海大'是海南人民的大事，是关系到培养人才、开发海南、加快海南四个现代化建设的大事，绝不能遇难而退。"

北京，中央，这四个字当时在他们的心中闪现光芒。走，到北京去！建设"海大"的路还很漫长。

1981 年 3 月 1 日，黄大仿、李光邦等将海南区党委的批文和报告带到广州、北京，向中共广东省委、省政府和国务院教育部请示关于筹办海大问题。这历时近一个月的旅程，在海南教育史上有着不一般的意义。他们在北京得到了很多意想不到的支持和帮助，创办海大的信心重新被点燃起来。

20 多年前海南大学的创办成功，有赖于当时海南各界精英的通力合作，海外学人、海南侨胞亦呼应热烈，出谋献策、出钱出力者众。那一份炽热的爱国爱乡之情，值得永远镌刻在海南创业史上，以激励后人。

四　批准筹办　上下欢腾

"当初的筹办者在建校问题上虽有过不同的个人意见，但在共同办好海南大学的大事上，却是热情所至、各尽所能的。"9月

22 日，记者再访时，原海南师专党委书记兼校长李光邦先生回忆道："当时的中国社会科学院胡克实副院长，中共中央组织部王照华副部长，教育部李琦清副部长、高沂常务副部长等看到我们想要创办大学的决心，都表示积极支持我们。我们请求教育部给我们写一个书面意见带回广东去，作为教育部同意我们筹办海大的依据。高副部长同意了，内容是：'广东省高教局：海南行署副主任黄大仿同志来我部汇报筹办海南大学问题，根据海南地区的特殊情况，我部原则上同意以海南师专为基础筹办大学，请你局与海南行署具体商量，并请示省人民政府决定。如同意筹建请按新建高等学校的批准程序正式向国务院提出报告。——教育部办公厅 1981 年 3 月 13 日（教计事字第 24 号）'。"

"此次北京之行真可谓不辱使命，在广州逗留四天后，我们于 3 月 26 日返回海南。海南区党委对我们在困难面前不退缩，想方设法地完成了批建任务予以表扬。"李光邦说。

于是，海南区党委、海南行署向广东省委、省政府写了关于成立海大筹委会的报告，经正式批准后，于 1981 年 6 月 20 日正式成立了"海南大学筹备委员会"（以下简称筹委会）。筹委会经过两年零四个月的紧张筹备，各方面工作基本就绪，经国务院批准，于 1983 年 10 月 5 日在海南区党委礼堂举行海南大学成立暨首届学生开学典礼大会。海大第一任党委书记林施均、校长林英在大会上发表讲话。至此，新时期的海南大学终于拉开了隆重的一幕。

李光邦说，值得一提的是，教育部批准筹办海大的消息传出之后，从北京到海南，从国内到国外，莫不振奋、鼓舞。在北京工作的海南籍前辈、国务院侨务办公室林修德副主任，中央军委防化部吴克之部长，著名数学家、北京师范大学教授、原私立海南大学校长范会国教授等，闻悉此消息后，都纷纷寄语海南，这些从不忘记海南发展的"老海南"都说海南办大学，是关系到培养人才、开发海南、建设家乡、造福后代的重大决策，是关系到海南几百万人民及其子孙后代的一件大事。

海南各界人士知道教育部批准筹办海大，从学校到机关、从城市到农村，全岛各族人民无不欢欣鼓舞、奔走相告。

时任海南大学筹委会办公室主任现年 88 岁的林彦先生回忆说，他当时还是海南师专党委副书记、副校长，时隔 20 多年，当年创办海大的情景仍然历历在目，和艰辛交织的种种热情和不同意见，曾经冲击着每个人的内心世界。而在这一过程中值得追忆的还有华侨的热情，"我们还从来没有在这么短时间内接待过那么多在外漂泊多年的游子。我们不断接到侨领、知名人士的来信和来电，表示祝贺，各地琼侨纷纷表示要在财力、物力方面支持海大建设"。

人们不会忘记一个叫陈学忠的人，他是旅日琼籍归侨，少小离家，总想着为家乡的教育做一点事。陈先生率先表态，愿意在十年内资助海南培养 100 名留日学生，由他出钱，海南送人，每年 10 人。这些学生毕业回海南后绝大部分在海大任教。遗憾的是，当计划进行到半途，却因执行中出现的种种因素而中止。

在这场空前的建设海大的热潮中，琼侨表现出来的奉献精神和赤子之心值得历史铭刻。开学之初，香港海南商会的黄坚、吴多泰、周成泰三位知名人士便捐资 450 万元，决定合资兴建一幢 4000 平方米的行政办公大楼，这就是今天矗立在海大校园的"泰坚楼"。

泰籍华人陈起江先生带团回国探亲，闻悉故乡办大学，主动带团来到筹委会参观访问，给还没有成型的海大赠送锦旗、照相留念，香港周成泰先生捐赠复印机一台。一直关注海大创办的美籍华人林汉生教授，以美国中华图书基金会名义，给海大捐赠外文书籍 18000 多册，以及英文教学录音带一批，这对初办的海大无疑是一大笔不可低估的精神财富。此外，林汉生教授还积极选派专家、教授回来讲学、办班，以提高海大的教师水平。从解放前创办的私立海南大学到现今的新海大，海南教育得到琼籍华侨的慷慨支持。

五 无畏勇气 后辈铭记

当年建设海大的当事人，有的已不在人世，海大第一任党委书记林施均、校长林英也离我们远去。想当年他们分别被家乡的父老从西安交通大学和江西大学请回故土来，与大家一起在海甸岛的那一片海水、滩涂上建设海大，历尽艰难。其情其景，令人感慨。

现在，海南大学的师资力量、学术水准、招生规模等已有了突破性的大发展，岁月如水流逝，人们怀恋的是，当初创办一项利在千秋的事业时，那种大无畏的勇气，及无私奉献、齐心协力、共创美好未来的精神。这种勇气与精神值得后辈永远铭记。

（本文原刊载于 2006 年 9 月 26 日《海南日报》，
收入本书时标题有所改动。）

海大人的初心和使命

李昌邦　陈　佳　刘雨欣　文　蕾

　　李昌邦，海南人，1956 年从海口一中考入交通大学（当时国内只有一所交通大学，后来拆分为西安交通大学和上海交通大学），毕业后留校任职，在西安交通大学学习工作 28 年。1983年，奉命调回海南，参加海南大学的创办和建设，担任海南大学党委副书记，见证和参与了海大建设的整个过程。

　　李昌邦主要围绕海大人在建设海南大学时的初心和使命、在改革开放时期建设海南大学时的情怀、海大人如何在自己本职工作岗位上实现自己的使命这三个方面，以自己的亲身经历向我们展开介绍。这三方面具体通过以下四个故事来展现。

一　两所特区大学的同日诞生

　　1988 年，经全国人大批准正式成立海南经济特区，这无疑是我们国家改革开放进程中的一个重大决策。海南经济特区是全国最大的特区，因此中央便提前部署，在 1983 年 5 月 10 日，经国务院批准，教育部下批文，成立了深圳大学与海南大学。显然，这两所大学是因经济特区的建立而建立的。所谓教育先行，大概就是这个道理。这两所大学被人们誉为"特区大学",它们肩负着特区改革开放建设和发展的时代重任。

这两所特区大学其中的一所——海南大学,在建立过程中,经历了一个三合一、一分三的过程。自海南大学被定位为一所高水平的、高质量的、适应未来海南改革发展的综合性大学后,便是在三所大学合并的基础上发展,这三所大学就是海医、海师以及一个农业专科学校。那个时候海大采用三地同时办学、同时发展的方法办学,海医、海师都是在原校址办学。当时认为海师、海医要在原来大专的基础上向本科看齐,所以它们的内部结构要进行调整、改革、充实以及提高,尽快地成为一个本科院校。另外,校本部要尽快发展,设立可以为海南特区的经济建设服务的一些学科,构建一个综合性大学的学科框架,形成校院两级的管理结构。1986 年,也就是建校 3 年后,海南大学的师范部(海师)独立出去,成为海南师范学院,紧接着,海南大学医学部(海医)也独立出去,变成海南医学院。一个大学又变成了三所院校,原来是三合一,后来又一分三。现在海师已经变成了海南师范大学,这说明当时的决策是对的。

当然,海大按这种形式来创办,是面临很多困难的。首先,办学经费严重不足。据李昌邦书记转述,在海南大学的筹备初期,投入的资金不到 4000 万元。其中,广东省提供 1500 万元,海南地方财政提供 1000 万元,海南农垦提供 500 万元,另外海外华侨捐助 800 万元,共 3800 万元。用 3800 万元建一所规模 4000人的大学,资金是严重不足的,学校的第一期基建就花了 2000多万元,却仅仅建了第一教学楼,部分学生食堂、学生宿舍、教职工宿舍。其次,校本部的基建以及师资力量,几乎是从零开始。当时除了现在的教职工宿舍区南门那块是陆地,其他地方,从东坡湖一直到世纪大桥,全部是水面,是当时海南的农民围海造田,才慢慢形成了陆地。海南大学就是在一片 2600 亩的水面上创办的，没有一点基础。那个时候还有一个问题就是，如何把海南大学办成社会主义特区大学。参与海大建设和创办的一些老师、干部是从内地来的，他们对于用什么样的理念和方法来创办这所学校，是没有经验的。这不是普通的大学，没有经验来借鉴。李昌邦书记回忆，1984 年初，李昌邦和当时的校党委书记林施均到教育部汇报，请求教育部对海大的办学做指示以及支持，教育部的人知道他们两个人都是从西安交通大学过来的，便要求他们不能像办西安交大的那种模式来办这所大学，海大的办学模式要适应海大自己的特点。

海南大学之所以能够成功创办，还有一个重要因素。李昌邦书记说，他从西安回到海南以后，发现虽然海南较落后，人民生活水平不高、收入不高，整个海口基础设施建设很差，但是海南人民想要发展的愿望很强烈，他们的思想很解放，有一些没人敢议论的问题他们都很敢想，例如把海南再建成另一个香港。这种思想对海南大学的建设来说是很宝贵的，在以后的建设中也发挥了重要作用。

现在 30 多年过去了，把海南大学建成特区大学的使命还没有完成，这个使命是长期的。

二　海南首批人才引进的特异模式

海南第一批人才引进是在 1984 年到 1987 年这段时间进行的，目标是将海南大学建设成为特区大学，海大初期的建设者和开拓者由三部分组成：第一部分是海师、海医、农专三所学校原有的教师和干部，第二部分是引进的一批具有高级职称的教师和干部，第三部分是当年从各个高校毕业的研究生和本科生。第一批学校领导只有四个，一个校长、一个书记、一个副校长、一个副书记，这四人当中有三个是从内地高校调回来的，都是海南人。

一个是原来就在海师工作的，是当时海师数学系的主任，不是海南籍但长期在海南工作；校长林英是原来江西大学的副校长，年纪较大，当时他有65岁；书记林施均是当时西安交通大学的副校长、副书记，也是海南人，也是60岁了，是当年到延安去的老同志，后来到了钢铁战线，又从钢铁战线转到了冶金学院，再到了西安交大；另一个是李昌邦，是海南人，当时和其他三个比算是中青年。当时广东省筹建海南大学的领导班子，据估计，到各个高校去找，至少一年以上，很多人都不愿意来，当时海南省比较落后，条件也比较差，所以就得找海南本地人来办这个大学。

最初海大创办的时候没有人，首先是没有教师。但1984年必须招生，而且本科大学必须招本科生，等招完生后才来考虑专业问题。当时在海南基本上找不到能进行本科教学的老师，并且当时全国的形势也是高校的老师基本上是不放的，就是公办老师想要外调，是调不到的。所以面临的第一个问题，就是必须马上调一批基础课老师到海大来，确保一年级的课程能够上，于是就将目标锁定在一些老学校、重点大学，找一些骨干老师来，而且因为一年级的基础课很重要，所以老师的质量要高，不能滥竽充数。因为李昌邦是交大的，林施均书记也是交大的，两人凭借在交大的关系，就到西安去交流沟通。李昌邦当时必须去交大，因为林施均老书记在交大待的时间比李昌邦短，李昌邦是交大读书，读书完又留校，在那里待了28年，从学生干到学校的中层干部。他们的目标就是从交大要来教师，而且必须是副教授。但是按照当时的人事制度规定，交大不放人，怎么办呢？为了解决这个问题，当时想到了一个非常特殊的方法，李昌邦跟交大的领导和人事部门说："个人支援我们海大，学校可以不放，但我们在海南跟海南的组织部门讲好，个人调到海南来，没有档案，在海南可以做档案，是党员的，没有档案也承认你是党员，只有把人弄过来，海南的组织部门认可在没有档案的情况下一切待遇都按照正规调人的方式办。"就是说要保证调的这个人他本身不吃亏。用这种办法从西安交大、西北大学、陕西师范大学调了第一批老师，来保证海大的基础课的开课，等过几年以后才去补办调动手续。

这个做法有三个特点：第一个是目标明确，知道为哪个学科引进哪方面的人才；第二个是不公开招聘，由校领导亲自到相关的省和学校引进人才；第三个是对引进的人才没有任何物质的回馈，只允诺有优先分配房子的权力。当时吸引他们过来海南的，是仅仅对海南将要改革开放前景、机会的信心和希望为海南大学的建成和发展贡献一分力量的献身精神，而不是物质层面的回报。

三　海大电子设备厂的创办

1984年海南行政区政府批准海大创建电子设备厂，创办的背景有两个：第一个是海大要迅速上第一批本科专业，1984年海师、海医的专业要专升本；第二个是校本部在1985年要设电子工程和土木工程这两个本科专业，电子厂对此可以起到非常重要的作用。

第一，它为这些工科专业建设实验室、购买设备提供第一桶金。这个电子厂怎么办的呢？当时还没有建省的时候，海大的领导们就给海南政府说："你没有钱，你给我政策，给海大政策，我用政策筹钱。"海南省政府支持发展海大，就答应了。当时求助兄弟院校华南理工大学，首先华工给海大提供师资队伍，保证海大课程的正常进行；其次两校合办一个电子设备厂，海南政府提供相关优惠政策，工厂凭着政府的批文在香港进口电子元件，生产电视机。那个时候海大没有条件在国内生产电视机，就在香港买入价格较为便宜的主要零部件，然后组装成电视机。零部件要进口，必须凭政府的批文免除关税，所以要有海南政府给海大的批文。海大拿到批文，把电子元件进口过来，把元件组装成电视机，然后再把电视机运过海去卖。

当时两校优势互补，海大没有钱，华工出钱，要在香港进口，华工给海大出外汇；海大出政策不出钱，拿批文就可以了，拿了批文到香港去进口。海大的领导不懂进口什么元件和进口元件的组装与制作，而华工的技术先进，他们负责派老师带着海大的老师一起组装，组装完以后送到大陆去卖，在广东附近销售。李昌邦说："他们很够朋友，钱又是他们出，销售也是他们搞，组织派他们来帮助海南，他们就来帮助海南，当时一下子第一桶金就拿了 50 万元，华工一分不拿，全部给了海大，海大就靠着这 50 万元将一堆实验室建了起来。"

另外，这个电子厂为海大培养了一批技术人员和工人，培训了一批教师，同时也为后来的海大学生提供实习基地。

后来这个厂很快就办出名了，以至于日本的索尼公司听说两所大学合办的电子厂搞得不错，就来这儿考察，有意向和我们签一个合同，准备再设一条生产线，不是组装，而是直接生产。当时两个院校的主要领导，一个书记和一个副校长，还有经理、工作人员等组织了一个规模不小的团，到日本去考察。不过到后来受诸多因素影响，海南很多项目都被停止，这个厂也没有了。

这个事例说明，当时海南人在没有钱的情况下，走了一条不一样的路，来解决当时第一届本科生的招生就业问题，这个路后来走通了，项目就好办了。当时要是没有政府以及各方面的支持，仅仅靠海大人是做不到这种程度的。

四　琼籍华侨华人的教育情怀

　　海南被誉为侨乡，目前在海外的琼籍华人大约达 300 万人，相当于海南全省人口的 1/3，主要集中在东南亚，这些华人对家乡的教育十分重视，几乎将八九成的捐款都投入发展海南的教育事业中，海南历史上一些重大的教育项目，都跟海外华人密切相关。比如 1947 年创立的私立海南大学，学校创办的资金来源不是政府，而是琼籍华侨加上内地各个领域的海南精英的捐款，1983 年创立海大，第一批 800 多万元的建校资金，也是来源于海外华侨捐款。

　　李昌邦说："我回海南之后有个强烈的感受，就是散布在海南以外的海南人对家乡的教育事业情有独钟，海大的创立和建设离不开华侨。"

　　泰坚楼之所以能建成，源于在 1983 年海大开学典礼上，来自香港的三位企业家——黄坚、吴多泰、周成泰，在大会上当场宣布捐献 300 万港币给海南大学，学校就用这 300 万港币建立了党政办公室，并根据捐助者的名字命名为"泰坚楼"。

　　现在的行政楼后面的阶梯教室，是泰国著名的华人企业家——吴多禄、吴多祯两兄弟出资盖的。

　　东门是台胞企业家吴乾华捐 60 万元建的，这是海大的第一个校门。吴乾华还捐了一部《四库全书》，在当时那个年代是很珍贵的，因为当时没有几所大学的图书馆有这样的《四库全书》。

　　用于理工科学习研究的理工实验大楼则是香港海南商会会长李运强出资 2000 万元建成的。

　　邵逸夫学术交流中心作为海大接待外客的场所，是邵逸夫先后两次捐款共 400 万港币建成的。

　　还有学生享受的一大批奖学金也是由华侨资助，其中最大的一个资助企业是印度尼西亚华人创办的金光纸浆厂，连续五年每年 100 万元，五年之后又继续出资。

我们现在看到的图书馆，建旧馆的时候是国家财政支撑的，当时的预算是 3000 万元，结果工程只进行了一半。建筑搞好了却没钱购置设备。所以图书馆里的电子设备都是海外华侨出钱购置的，由主要侨领带头，首先在泰国打开口子，主要侨领每人 50 万元，其他的 10 万元、20 万元不等，捐款的总额达到 700 多万元。每一个阅览室的名字，都是以那些主要侨领的名字命名的，后面有一些小厅是香港同胞建的。从那之后，海大和海外华侨的关系就很密切。

因为捐款，海大和海外华侨建立了良好的关系，李昌邦等领导班子就向海南政府提议，建立一个理事会，它不隶属海大，不是海大的机构，是海南省政府直接批准成立的，它的主要领导是由省里头直接聘请的，所有理事的证书是由政府直接下发的，规格高，组成的人也很多，有海南商会的也有港澳台的等，海外著名的教育家也可成为理事。这个理事会后来成为海大团结海外侨领、社会力量来支持海大建设的一个非常重要的平台。

第一届理事会换届，成立第二届理事会时，请了龙永图当理事长，当时他是博鳌论坛秘书长，因为他的影响很大，请他的过程是很不容易的，当时海大的校长亲自到北京他的家里请他，非请到他不可。后来证明请他请对了，从第二届理事会开始，每次开会他都来，理事会成立的时候因为有他，省委书记和省长都来参加。龙永图的贡献除了已捐的 3000 万元（3000 万元是已经兑现了的，还专门为这 3000 万元注册了一个海大教育基金会，把钱都存在里面）之外，最大的贡献是让海南有一所高校进入"211 工程"。

当时海南面临一个严峻的问题，时值"211"最后一批名额审批，弄不好海南高校就被边缘化，与"211"不沾边了，当时教育部的个别领导给李昌邦他们一个提示，说走并校的道路，所以就有了并校的方案。其中一个方案就是两校或三校合并，合并的过程中，特别涉及华南热带农业大学，当时海大跟热农大意见分歧很大，首先农业部不愿意华南热带农业大学并过来，因为它也是个名牌，并校之后它就不存在了，农业部的领导都不愿并，海南省部分高层领导也不同意合并，最后路怎么走呢？龙永图就想了个办法，由理事会出面，请中国（海南）改革发展研究院（这是一个很有名的民营智库，它的研究报告可以送到中央）这个权威的智库机构组建一个课题组，提出一个权威的研究报告，而且由中改院的院长当组长，理事会之前的理事长符厅长当顾问，组成人员就是李昌邦等人与海大的教授、教育厅的领导、"热作两院"的教授。理事会拨课题费 12 万元，支持撰写关于在海南建立一个国家级高水平大学的研究报告。这个研究报告出来以后，理事会为了讨论这个报告专门开了 3 天会，龙永图主持，当时讨论了两个话题：一是要不要并校，二是并校之后校名叫什么。当时的侨人一致表示校名必须是海南大学，讨论完后以理事会的名义给省政府写报告，提出建议。因为这是一个权威的、有影响的、可以上会的研究报告，而且方案很具体，这样才促使省政府做出采取两校合并的方案的决定，合并了之后，教育部审批后同意海南大学进入"211 工程"。

世界海南乡团联谊大会有一届是在海大召开的，现在的思源学堂以及联谊馆和海外华侨是有一定关系的。联谊馆建立起来后开的第一个会就是第三届世界海南乡团联谊大会，所以它就叫联谊馆，2000 多人参加会议。

当时确定要在海南开会的时候，海南海口市没有一个可以容纳 2000 人开会的地方，所以必须建一个可以开会的地方。当时海南省只能找一块地来建，但那样开支太大，于是李昌邦他们就和海外侨领商量，说不要在外面找了，海大有地，可以在海大建一个馆，什么费用都不要，整个会议的主持、承办、接待由海南大学的学生承担。海外侨领支持这个方案，而且以后不开会场馆还可以用作海大的体育馆，这个馆花了4000万元。开完会后，侨领们在学校食堂吃了一顿饭，现在的第一第二学生食堂全部改装，弄自助餐。这顿自助餐包含诸多海南的名菜，由各个市县供应。海外侨人对海大做了很重要的贡献，很多海大开展的对外交流活动都是由理事会牵线，当时海大年轻，和新加坡、马来西亚等著名大学实力不对等，新加坡南洋理工大学有一批海南籍的教授，甚至其校长都是海南人，这些合作、赞助都是由他们牵线，泰国的华侨就捐了500多万元。

思源学堂的建成，来源于在海大举办的第二届世界海南乡团联谊大会，当时定了两个目标，其中之一是帮助海大进入"211工程"，为海大筹资3000万元资金；为了帮助海大解决没有博士点的问题，筹资1000万元设立五个重点学科，一个学科给200万元，使之能申报博士点。理事会筹备钱时，在一次机会下，李昌邦向邢李㷧说了这件事，他一听，觉得建立博士点是一件好事，就决定1000万元他一个人出了，理事会制定了严格的用钱方案，钱不能乱花，重点要引进学科代表。当时理事会想出了一个办法，将筹到的钱买了几套房子给教授，但是只有使用权没有所有权，只有教授将学科带进博士点，才能把所有权给他。而结果1000万元只花了300万元，这300万元实质上用于开会、出书等日常开支。因为海南没有一所高校有资格进入"211"，当时面临最后一批"211"入选，所以想出了并校的主意，理事会怕并校之后海大没有钱，会把700万元乱花掉，于是便冻结了700万元。那怎样才能使用这700万元呢？为了解决这个问题，邢李㷧提了四个方案。其中一个方案就是建思源学堂，当时建的是海南大学生课外活动中心，4000多平方米，为各种活动提供场地，之前的理事长教育厅符厅长和李昌邦两个人在文华酒店中餐厅和邢李㷧一起见面议论这个方案，结果不到半个小时，邢李㷫便问要多少钱，那时候李昌邦不好意思开口，说 1500 万元，不够的话学校配套，现在已有 700 万元，再捐 800 万元。邢李㷫马上说没问题，答应做这个项目，当场交代符厅长作为他的代表，监督这个项目的实施，邢李㷫只管捐钱，其他方面不管。学校对这个项目非常重视，成立了个项目领导小组，由当时的书记担任领导小组的组长，副校长负责具体实施，设计招标搞施工都由学校全部负责，最后完成项目总共花了将近 4000 万元，不够的钱都由学校配套。这个思源学堂现对校内校外都起到了很好的作用。

所以海大的发展有一个特殊的地方就是，海外华侨等社会力量对海大的发展起了很大的作用。海大的发展证明特区大学不能忽视华侨的力量，海大人当年建设海大的初心和历史使命对海大的发展起着至关重要的作用。

他将"大海"变成"海大"

蔡　葩

　　1983 年 5 月，阔别家乡 30 多年的林施均和老伴段克强终于踏上故乡的土地，受到当时的海南区党委的热情欢迎。身为西安交通大学党委副书记兼副校长的林施均，以一派儒雅又干练的行事作风给人们留下最初的印象。与此同时，另一位在中国科学界颇有影响的植物学家、时任江西大学副校长的海南琼山人林英也被海南行政区请回，共同创办备受瞩目的海南大学。

　　在故乡走了一遭之后，8 月，广东省委致函西安交大，商调林施均到海南。已经年过 60 岁的一对老伴，必须放弃早已熟悉的生活环境，离开三个业已成人的孩子，回到熟悉又陌生的故乡开创一番事业，如果没有对故土的深切情感以及诗人般的浪漫情怀，做出这样的决定需要战胜多少人性的弱点、舍弃多少既得的利益是不难想见的。他们育有二男一女，名字分别叫作海南、海方和海莉，这些名字都挂上"海"字。林施均说，就是想让孩子们不要忘了自己是海南人。现在，他们在花甲之年来到百废待兴的海南大学校址，望着一片汪洋与滩涂，决意要将那一片"大海"变成"海大"。

　　新建的海南大学将原来的海南师专、海南医专、海南农学院并在一起成为一所综合性大学（后接收了海南水产学校）。但是，这三所学校分别在三个不同的地方，要将这三股力量拧在一起，是长期在高校运筹帷幄的林施均从未遇到过的棘手事。"新海大号称 3000 亩地，除了海南水产学校有 400 亩熟地和一些简陋的房子，其余都是填海垦地。那 2000 多亩地几乎是滩涂，海水最深处有两三米，一般是深一米。有人来参观问海大建在哪里，我们用手一指，就说是建在海水里。"20 年后的林施均这样对记者说。建校首先是要搞基建。这些工作由主管全面的林施均来抓。当时区党委考虑到这对老人的身体状况，特别安排他们住在区委招待所。可这对老革命却要发扬艰苦奋斗的传统，硬要跟教职工住在一起，好指挥日夜不能停息的基建工作。

那是海南水产学校留下来的一间破旧教学楼，共三层 12 间教室。一对饱经风霜的老者就住在楼下东边的一间教室里。段克强老人回忆说，这教室已是年久失修，门窗不严，漏风。来后不久，我们遭遇了海南的台风季节。从未经历过台风洗礼的段老，眼看着疾风带着大雨泼进窗来，台风肆虐的那个夜晚让她此生难忘，这让人想起陆游的诗句——"风如拔山怒，雨如决河倾。屋漏不可支，窗户俱有声"。台风总会过去，更让人心里发毛的是从门口到大路这一段十几米的土路，都是一米多高的杂草，怕就怕里面有蛇。于是，人们常见晚饭之后，堂堂的海大党委书记和老伴拿着镰刀，坐在小板凳上，一点一点地往前挪割着草，草一片片地倒下，路一点点地露了出来。一对资深的老革命、老知识分子硬是从杂草丛中开出一条路来！他们有些苍老的背影让人感慨。当年海大创业的艰难由此可见一斑！

海南历史上曾存在过另一个私立海南大学，它是由当年的海南籍精英会聚各方力量办起来的，校址在海口得胜沙路尾的椰子园内，即今海军滨海医院所在地。它 1947 年开始招生，1950 年 5 月海南解放后就关闭了，直到 1983 年，当大多数的人早已忘记那所私立海大时，新海大的建立已经变得迫在眉睫了。

林老回忆说，1983 年 10 月 10 日左右，一个台风过后的日子，工地上还热火朝天，海南大学就招了第一期学生，正式开学了。海大开学前一天，宣布海大成立的大会却不在海大校园里召开，而将会场设在区党委大会堂里，那种隆重和庄严的气氛，给人一种奋进的力量。海大师生员工 1000 人左右参加大会，广东省委常委杨应彬、原广州军区副司令庄田、香港海南商会会长黄坚也都来了，并在会上庆贺海南解放以来终于有了自己的一所综合性大学，黄坚会长还代表海南籍港商周成泰、吴多泰三人给海大捐助建设资金 300 万港币，当消息宣布时，会场忽然爆发出惊喜的掌声！那一天，那串特制的特长鞭炮燃烧着鸣叫着将近半个小时之久，那情那景，让海大学子喉头发紧，有些人是含着泪水离开会场的。

如今，林英校长已乘鹤归去，只留下空中的足音令人缅怀。20 多年的校史，似乎挺短。可是，它的建立，已经包含太多的历史，承载了太多的上一代人的理想主义精神。1948 年 12 月 19 日，当段克强终于如愿以偿，成为英俊潇洒的林施均的夫人、海南人的媳妇时，这从未到过海南的河南女子，肯定不会想到会在几十年之后以年迈之身，陪伴着丈夫在他的故乡开创一番富有历史性意义的事业。

而令她柔情四溢的书卷气浓郁的丈夫，当白日的喧嚣褪去后，又像战争年月一样激情澎湃，在黑夜里还原为一个诗人。在海南短短的两年间，林施均除了海大繁忙的事务，他还热情满怀地组织起海南的诗友，成立海南诗社，并亲任第一任社长，创办《诗书画》和《诗文学报》，组织出版海南诗人诗集等，在 20 世纪 80 年代曾让诗歌与诗人风光了起来。至今，海南诗社仍维系着诗人间的心神交融。而离休在西安交大的林施均，依然是诗书画的终身追求者，他晚年擅长画竹。

2003 年 11 月，这对已度过金婚的爱侣重返海南大学，他们信步来到当年自己的海大故居，自感时光流逝得匆忙。离乡多年的诗人看到故居已物是人非，只有那些当年亲手栽培的花草仍在年年凋谢又年年复苏，默默诉说着生命的生生不息而又周而复始的故事。于是，不老的诗人凝思片刻，在故居的面前赋诗一首：

新绿藤萝蔓碧窗，小楼近处砌花墙。冬去中庭斑竹翠，秋来斜槛菊花黄。芭蕉雨足结肥果，茉莉风轻散郁香。多谢花公敷锦绣，客心岂愿泊他乡。

耐人寻味的是最后一句：既然不愿意离乡为什么又要客居他乡？难道生活在别处真的是诗人的命运？但以诗人的达观和对世界的爱，以及金婚爱侣的陪伴，想必他乡即是故乡……

（原文刊载于 2003 年《海南日报》。）

范会国与海南大学的深情约定

许春媚

范会国先生一生教书育人，桃李遍天下。虽曾在多所高校任教，但在他心目中，海南大学始终是最牵挂的一所。而他与海南大学的深情约定，至今让人动容。1983 年 6 月 11 日，范会国在北京病逝。逝世前，范会国嘱托妻儿将他全部的私人藏书捐献给海南大学图书馆。遵循范会国的遗愿，他的数千册中外典籍藏书和留下的大量诗词墨迹被海南大学图书馆珍藏。

范会国从法国留学归国后，虽然长期在海南岛外任教，离乡万里之遥，却一直心系故乡，关心着海南的发展与教育。1948 年受邀回琼管理私立海南大学后，范会国克服种种困难，为家乡第一所高等学府的师资、资金等做了大量工作。海南解放前夕他又深明大义，留琼保护学校，直至迎来解放，为新中国成立后海南高等教育事业的发展留下了火苗。海南大学撤销改办师范院校后，范会国不计个人得失就任院校领导，为海南培养人才。直至1953 年，为了能继续专心从事数学研究工作，范会国才辞去领导职务，惜别海南，到北京师范大学数学系任教。在海南办教育的5 年期间，范会国努力推动家乡高等教育事业的发展，为海南培养了许多人才，以一颗赤诚之心回报故乡的养育之恩。直至逝世前，范会国还嘱托妻儿，将其珍藏多年的私人藏书全部赠送给海南大学图书馆。

一　筹建私立海南大学

1947 年，陈策将军关于海南建省的方案得到通过后，海南省委员会（筹）成立，范会国被聘任为委员，同时兼任文教组组长。这个身份为他后来解决海南大学办学中遇到的一些紧急问题提供了很多便利。

1948 年，范会国应海南大学董事会之聘，返琼出任海南大学副校长。不久，校长颜任光辞职，经校董会聘请和教育部批准，范会国接任校长。

"尚望海内贤达暨校中同仁，纠其疏漏，赐以南针，使海大在群策群力之下，得以发荣滋大，成长中国的优良学府……"这是范会国在返琼后海南各界为他举行的欢迎会上的一段发言，足见当时他的信心与期望。在后来写的《自传》中，范会国也明确表示了他返琼的意图："那时之回海大，实欲竭尽绵薄，为我海南的高等教育奠一基础。"

只是当时海大初创，国困民穷，经费缺乏。为了将学校办下去，范会国不遗余力地利用各种社会关系，筹措经费，引进师资。在各方人士和海外侨胞特别是泰国侨胞的大力支持下，海大终于能一路前行。

二　响应号召留琼任教

1950 年，海南解放前夕，面对动荡的时局，许多国民党要员动员范会国将海大迁往台湾，并为他买好了飞机票。由于对中国共产党的政策不了解，范会国曾把妻儿送到了香港，同时自己也准备按照国民党当局的指令离琼。

为了保护海南的高等教育事业，冯白驹及时派人与范会国取得了联系，劝他留在海南保护海大，继续为兴办海南教育事业出力。受到中国共产党的感召，范会国决定以国家大业为重留在海南，并电告妻儿从香港返回。留校的范会国积极团结师生保护学校，使得海南唯一的一所高等学府得以在动荡的时局中保存下来，成为新中国成立后海南高等教育事业发展的基础。

海南解放后，范会国被推选为海南各界人民代表会议筹备委员会委员，留任海南大学校长。后来，海南大学被撤销改办为海南师范学院，范会国被任命为院长。作为海南教育界的代表，范会国参加了当时海南各种重要的活动。李光邦老人也就是在这时与范会国结识。时任文昌县长的李光邦，在海口召开的一次会议上遇到了范会国。"早就听说范先生是文昌人，一直想结识，所以那次我就主动上前打招呼。没想到范先生那么有名的数学家，对人这样随和，我们很愉快地聊了好久。"

1952年，全国高校院系进行调整，后1953年海南师范学院被并入华南师范学院。按照组织上的安排，范会国继续调任到华南师范学院当领导。但是，范会国认为，一个科学工作者应该把主要精力用于科学研究上，行政领导工作应由党的干部去做。因此，范会国辞去了在师范学院的行政职务，调离了海南，回到北京师范大学担任数学系教授。

三　闻复办海大殷殷寄语

尽管离开海南到北京工作，离琼的日子里范会国一直挂心着海南教育事业的发展。

1980年前后，随着知识分子政策的落实和知青回城大潮，海南出现了历史上少见的人才流失现象。于是，建立一所综合性大学，培养大批扎根于本土的人才，便成为当务之急。1981 年 2 月 20 日，中共海南行政区委员会召开会议，认为在"大力发展海南经济建设的同时，必须重视海南智力资源的开发，大力积极发展教育事业，尤其是高等教育事业……不论从政治影响或从海南经济建设和教育事业来考虑，现在都有必要复办海南大学。"

时任海南师专党委书记兼校长的李光邦，不仅是复办海大的倡议者之一，又是筹备工作的直接参与者之一。回想起当年"曲线救国"——跳过广东省高教局，直接上北京寻求支持复办海大的过程，李光邦满脸自豪的笑容。1981 年，到北京拿教育部批文时，李光邦和黄大仿顺便拜访了在北京工作的海南籍知名人士，范会国是其中一位。

"那时候范先生的身体不太好，正在家休养，不过他一看到我们，很是高兴，非常热情，连连用文昌话说，'听到乡音真好！'"李光邦老人对于那次碰面的记忆依然清晰。李光邦还记得，范会国听到要复办海大的消息后很高兴，表示很拥护海南的这一决定，同时他还提出了三条关于办学的意见。意见之一，海南是有着丰富资源的亚热带岛屿，不论是农业、海洋还是疾病研究等方面，都有着亚热带的特征，所以海南大学要办成一所有海南特色的高等学府，培养一批有专业亚热带知识的人才。意见之二，要招一些有名的教师，或是自己培养一些骨干，这是办好学校的关键。意见之三，在国内外有一批优秀的海南人，要充分调动这些积极因素，特别是要做好华侨工作，海外有资金和高科技人才，要利用好。

"'我要是年轻我都想回去'，在交谈中范先生反复说了几次这句话，可见他对海南高等教育发展的殷切期盼。"回想起那次谈话，李光邦感慨不已。

1983 年 6 月 11 日，范会国在北京病逝。逝世前，范会国嘱托妻儿将他全部的私人藏书捐献给海南大学图书馆。为什么会将藏书赠予海大？现任海大图书馆馆长詹长智认为，范先生长期以来都对海南高等教育事业发展很关注，加上他又是旧海大的校长，对旧海大的撤办肯定存有遗憾，新海大的建设应是圆了先生的心愿。"这批赠书是'火种'。"詹长智这样形容范会国当年捐赠的书籍，"当时学校刚刚建设，完全是白手起家，需要各方面的扶助，先生捐赠的藏书中有很多原版著作，填补了当时教材方面的空白"。

（本文原刊载于 2012 年 1 月 9 日《海南日报》。）

回忆海南大学外事侨务工作

符华儿

岁月匆匆，现在回忆的已是十几年前的往事了……

我 1998 年 7 月调到海南大学任副校长，从那时起就开始或多或少地被安排参与海南省或海南大学的外事侨务活动。2001 年 10 月 8 日至 2006 年 5 月，除了分管的其他工作之外，我曾被安排分管海南大学外事侨务处工作。

一 工作

外事侨务处是海南大学进行国际宣传、办学、学术科研合作，处理学校涉外事务和华侨与港澳台工作以及为学校办学筹集海外资金等的窗口和桥梁。这个时期的外事侨务处编制约为 6 人：副处长（后来为处长）是华世佳，外事科科长（后来为副处长）是杨志昕，还有刘亮、曾影、金海兰和林仕岛，并聘用了崔永富（非编制人员）。在人员少、任务重的情况下，大家团结一致，拧成一股绳，常常废寝忘食地工作。在省教育厅与省外事侨务办公室的指导和校党委、校行政办公室的正确领导下，我校外事侨务工作取得了显著成绩，以下六个方面尤为突出。

（一）留学生招生工作取得重大突破

我校自 1997 年招收第一名留学生，至 2005 年，已接收上千名留学生在我校学习，并实现招生人数逐年增加。2005 年一年共招收长、短期留学生 120 人次。招收的留学生分别来自世界五大洲的 18 个国家，首次招收来自斯里兰卡、马来西亚、法国、意大利、波兰、乌克兰、丹麦、斯洛文尼亚、玻利维亚、新西兰等国家的留学生。5~7 月，我校继续举办"第六届中国海南大学·美国夏威夷大学汉语暑期班"，共有 15 名夏威夷大学学生来校学习汉语课程，学生们在我校学习的学分记入他们在夏威夷大学的总学分。泰国法政大学首次派出 25 名学生来我校学习汉语，为期一个月，这为我校开展针对泰国学生的中文课程积累了经验。

（二）学生互换方面取得历史性突破

2005 年共派出 20 名在校优秀本科学生分别赴法国里昂第三大学、新加坡南洋理工大学和中国台湾成功大学进行为期一学期或一年的学习，学生们在境外取得的学分记入他们在我校学习的总学分。其中，我校派遣学生赴中国台湾学习在全国尚属首例。

同时，我校接受了 8 名分别来自法国里昂第三大学、斯里兰卡卢华纳大学和马来西亚新纪元学院的学生来校学习汉语和本科学位课程。接受互换学生的学校除对来校学习的互换学生提供一切便利外还全部免除学费，部分免除了住宿费，我校还对派遣到境外学习的学生给予奖励并给来我校学习的校际交换学生提供生活补助。

（三）以第二届理事会成立为契机，凝聚各界力量，为学校的可持续发展提供支持

博鳌亚洲论坛秘书长、中国前外经贸部副部长龙永图当选为我校第二届理事会理事长，香港海南商会、海航集团有限公司等 17 个海外乡团组织和省内知名企业为团体理事，聘请 12 位德高

望重、对海大有过重要贡献的海内外知名人士担任理事会名誉理事长，聘请 53 位海内外热心教育的成功人士为个人理事。2005年 6 月 13 日，海南大学教育基金会正式成立。截至 2005 年底理事会已筹集到捐款 2375 万元，这笔资金除捐赠者指定用途外，其余全部用于支持我校博士点学科建设，争取博士点零的突破。

（四）举办"海南大学名师论坛"

2004 年，我校创办"海南大学名师论坛"。"活跃海大学术氛围，促进我省文化建设"是海南大学名师论坛的宗旨，名师论坛的举办，为我校师生和海南各界人士提供了聆听世界级大师演讲的机会，加强了我校对外学术交流、提高了我校教学科研及办学水平、促进了我省精神文明建设与发展。

"名师论坛"积极邀请并组织境外著名专家学者在论坛上发表学术演讲，同时聘请他们担任学校相应的学术职务。共聘请 7名海外著名人士为特聘教授，聘请 6 名海外知名学者为名誉教授或客座教授，邀请海外知名人士及专家学者举办 24 场学术报告，其中包括著名物理学家、诺贝尔物理学奖获得者杨振宁院士，哈佛大学艾滋病研究所首席科学家吕亦晨博士，台湾成功大学校长高强教授，诺贝尔经济学奖获得者、"欧元之父"、美国哥伦比亚大学经济系教授罗伯特·蒙代尔先生，台湾财团法人爱心第二春文教基金会名誉董事长王建煊先生，美国国家工程研究院院士、台湾"中央研究院"院士、台湾成功大学教授吴京先生，创维集团董事局主席黄宏生先生，英国牛津大学教授爱德文·萨德恩爵士，亚洲著名经济学家、新加坡全国工薪委员会主席、新加坡南洋理工大学教授林崇椰先生等。

2004 年 6 月 2 日下午，诺贝尔经济学奖获得者罗伯特·蒙代尔教授应邀来校访问，出任我校特聘教授并做学术演讲。蒙代尔教授是美国哥伦比亚大学经济系教授，是最优货币区域理论的首创者，同时也是财政与货币政策合理配制理论、从货币角度研究国际收支理论及供给学的先驱，倡议并直接设计了区域货币——欧元，被誉为"欧元之父"。多年来，他先后担任过联合国、世界银行、国际货币基金组织、加拿大政府、美国联邦银行、美国财政部及欧洲经济委员会的高级顾问。1997 年获美国经济学会颁发的杰出人士奖，1998 年被选为美国艺术和科学院院士，1999 年获得诺贝尔经济学奖，被公认为"欧元之父"和"供给学派经济学之父"，在世界金融界享有很高声望。蒙代尔教授作为金融专家，多年来对中国的经济金融改革也给予高度的关注。

蒙代尔教授在海大联谊馆为我校师生及社会各界人士 3000 多人做了题为"国际金融走势、人民币论战与中国经济改革"的学术演讲。在两个小时的演讲中，蒙代尔教授主要围绕中国宏观经济是否过热、人民币的汇率是否要升值、人民币是否应该浮动、单一货币是不是可行这四个方面进行讲解。蒙代尔教授的演讲论点精辟，论据有力，从话语中时时能感受到他对中国的友好、对中国经济的关注和重视，显现了他大师级的睿智及风范。全场观众对蒙代尔教授精彩的学术演讲不时报以热烈的掌声。

此次学术演讲，是我校名师论坛系列活动的组成部分，是我校建校以来组织的最高层次的一次学术演讲，同时也是我校真情回报社会的又一体现。自本次名师论坛的消息在《海南日报》刊出后，来电订位、询问的校外听众十分踊跃。由于座位有限，演讲前半个小时，所有的座位已被抢占一空，不少听众只好站在过道上聆听蒙代尔教授的精彩演讲。本次演讲活动在社会各界引起了巨大的反响，听众们纷纷表示，大师的演讲使他们受益匪浅，并希望我校以后多邀请此类名师来校讲学。

通过我校卓有成效的工作，海南省人民政府聘请著名社会活动家、美国国际合作委员会主席陈香梅女士担任我校名誉校长，提高了我校在国际上的知名度。邀请著名人士担任学术职务并在名师论坛上发表学术演讲等，活跃了学校的学术氛围、开阔了师生的视野，在省内外引起强烈反响，这已成为我校对外学术交流的品牌项目。

（五）外事及港澳台交流

仅 2005 年，我校外事工作及港澳台交流情况如下。

接待来访外宾、港澳台同胞共 78 批 357 人次，他们分别来自美国、加拿大、英国、荷兰、意大利、罗马尼亚、俄罗斯、日本、韩国、新加坡、印度、马来西亚、泰国、越南、印度尼西亚以及中国香港、澳门、台湾共计 18 个国家和地区。

我校公派出访团组共 38 个 109 人次，其中出国（境）留学 11 批，教师 8 人次、学生 20 人次，短期出访 27 批，教师 72 人次、学生 9 人次。留学回国人员有 25 人。

海外华侨华人、港澳台同胞和境外友好人士除了向校理事会捐赠以外，还向学校捐赠了外文图书、提供了奖学金，金额共计人民币 182.42 万元。加拿大安大略省海南同乡会向我校捐赠英文图书 22544 册，折合人民币 170 万元，这批图书极大地丰富了我校图书馆的馆藏。奖学金的设立帮助我校部分贫困优秀学生得以顺利完成学业，同时也鼓励其他学生发奋图强、不断进取。

（六）教育合作，回馈海外乡亲

在海大的建立和发展过程中，海外海南社团和乡亲给予十分重要的支持和帮助。海大一直高度重视与海外海南社团组织开展教育合作，努力回馈乡亲们。《海南大学外事侨务简报》第 55 期（2005 年 4 月 30 日）有一则报道：

> 2005 年 3 月 5~11 日，应马来西亚华校董事联合会总会（董总）主席郭全强先生的邀请，副校长符华儿研究员率领我校代表团一行 3 人赴马来西亚考察华文教育情况，团员包括人文传播学院副院长闫金玲和外事侨务处外事科科长杨志昕。代表团一行首先访问了马来西亚董总和新纪元学院，符

华儿副校长与董总主席郭全强先生和新纪元学院院长柯嘉逊博士就合作招收马来西亚学生来我校留学事宜进行了详细磋商，并取得了实质性的进展。在海南华晔项目策划服务有限公司总经理王润华女士的热心资助下，董总和新纪元学院推荐了 3 名优秀的马来西亚学生于 2005 年 9 月来我校留学，攻读学士学位。我校还与新纪元学院签订了关于合作培养本科生的协议，今后两校将开展更多的合作。

代表团一行还拜访了马来西亚海南会馆联合会，符华儿副校长向张裕民会长介绍了此次访马目的，并希望通过会馆向马来西亚海南乡亲宣传我校办学成就，招收海南乡亲子弟来我校学习。张裕民会长表示，马来西亚海南乡亲十分关心海南大学的办学情况，会馆将一如既往地支持海南大学的建设与发展。

在马来西亚期间，代表团一行还访问了马来西亚大学中文系、马来西亚王子学院、吉隆坡循人中学和马六甲培风中学，符华儿副校长分别介绍了我校概况和留学生教育情况，与有关人士开展了座谈，探讨了今后合作的可能性。

由于海大外事侨务处积极推进国际教育科技项目合作，大力促进师生校际交流，海大于 2003 年荣获了"全国聘请外国文教专家工作先进单位"称号，这是国家外国专家局第一次评选此奖，海大成为海南省唯一获得此项殊荣的单位。另外，2003 年 4 月 30 日我校被授予"优秀涉外参观点"称号。还有，我校终身客座教授王伟光先生荣获海南省 2004 年度"椰岛友谊奖"，该奖是海南省政府为对海南做出突出贡献的外国专家颁发的最高奖项，每两年评选一次，每次颁发五位。此外，《海南大学外事侨务简报》第 51 期（2004 年 8 月 31 日）记载："副校长符华儿研究员当选为中国侨联第七届委员会委员并获归侨侨眷先进个人荣誉称号。"

二　交流

在海大期间，令我难忘的外事侨务和港澳台交流活动有以下几次。

（一）印象最深的是赴台湾交流

在我校客座教授王伟光先生的积极倡导与资助下，由海南大学与台湾成功大学联合主办的"首届两岸产业发展与经营管理学术研讨会"于 2001 年 4 月在我校成功举办。由两校联合举办的"第二届两岸产业发展与经营管理学术研讨会"于 2002 年 6 月 1~2 日在台湾成功大学隆重举行，我校组成以我为团长、林强副校长为副团长的代表团一行 21 人赴台湾参加了本次盛会。此次研讨会是当时两岸规模最大的一次学术交流活动，两岸共有 100 多名专家学者出席会议，其中有来自大陆的 24 位著名大学管理学院院长、37 位学术界的精英和来自台湾各大学管理学院院长及学术名流。研讨会围绕策略、管理等主题进行了广泛深入的探讨，并出版了研讨会论文集。我校 14 位学者参加了研讨并提交了 14 篇论文。本次学术交流，促进了我校经济管理学院的学科建设、加强了我校与兄弟院校学者间的相互了解、扩大了海南大学的影响力、提高了海南大学的知名度。学术研讨会后，代表团一行还参观访问了台湾昆山科技大学、台湾交通大学以及台湾"中央研究院"等八所大学和学术研究机构，台湾高校的教育宗旨和课程设置对我校改革提供了许多很好的借鉴。在台期间，我校代表团还访问了台湾台北海南同乡会，并受到了台北海南乡亲的热烈欢迎和接待。我代表学校发表了热情洋溢的讲话，感谢台湾海南乡亲长期以来对我校的关爱，期望广大海南乡亲一如既往地关心支持海南大学的发展，同时也非常欢迎广大海南乡亲常来海南大学看看。

这是我第一次到台湾。记得 20 世纪 80 年代后期在美国休斯敦大学当访问学者时，曾有一个电话邀请我到台湾访问，说将为我提供交通食宿等一切开支，还说会为我保密。我当时马上拒绝了邀请，说："我来自中国的第二大岛海南岛，很期望看看中国的最大岛台湾岛，但我不想保密地去，我要去台湾的话，一定要堂堂正正、光明磊落地去。"我现在终于作为一名代表团团长，和一帮团员来台湾访问了！我高兴地从心里高呼：台湾，我来看你了！

（二）最自豪的是 1999 年赴马来西亚参加第六届世界海南乡团联谊大会

对于这次会议，《海南大学外事侨务简报》第 26 期（1999 年 12 月 31 日）做了如下的记载：

> 11 月 18~25 日，符华儿副校长代表我校赴马来西亚参加第六届世界海南乡团联谊大会，并做了题为"发展世界海南（乡团）信息产业，迎接信息时代的挑战"的演讲，倡议建立世界海南（乡团）网络中心，该建议得到与会者的响应与支持。符华儿副校长此次出访，对扩大海南大学的影响、促进我校与海外华侨华人的交流起着重要作用。

想起 1994 年，中国国家电信总局与美国有关公司签订协议，将 Internet（互联网）网络延伸入中国。其间我曾作为重要技术骨干参加了使用日元贷款（约合 650 万美元）建设海南省经济信息系统工程（国家经济信息系统的子系统）等工作，包括海南省公共信息网络系统的设计实施工作。海南省公共信息网于 1997 年 12 月开通，是中国最早开通的省级互联网之一。我深知互联网的作用和意义，便很期望利用互联网发展世界海南（乡团）联谊会的事业，为此积极写了发言稿，代表海南省代表团在大会上向参会的世界各国海南乡团代表做了"发展世界海南（乡团）信息产业，迎接信息时代的挑战"的演讲,并提出了建立世界海南(乡团)网络中心的倡议,得到了代表们的热烈响应和支持,被大会作为重要提案采纳。如今看来,这个倡议仍是十分超前和正确的。

(三) 最繁忙的考察交流合作

以下这次考察交流合作,事务繁多,忙得简直是"马不停蹄"。对于这次外访,《海南大学外事侨务简报》第 30 期(2000年 8 月 31 日)记载如下:

> 2000 年 8 月 13~31 日,应加拿大工业部、芬兰、美国美华电脑协会的邀请,常务副省长王厚宏率领海南省政府及经济代表团一行 14 人赴加拿大、美国和芬兰考察访问。副校长符华儿研究员随团出访并任经济代表团团长,在加拿大参观考察了温哥华、卡尔加里、渥太华和多伦多的有关信息企业或公司,访问了卡尔加里大学,并签署了"计算机信息检索软件开发""中小学多媒体数学教学软件开发"合作意向,详细讨论了合作举办暑期英语口语强化班及建设加拿大中小学数学教育网络化项目。符副校长率领的经济代表团在美国硅谷参观考察了有关信息企业、公司,参加了"第一届全球华人网际网络创业投资研讨暨招商洽谈会",并与美国 Fintronic USA 公司签署了一个仿真软件产品合作与销售协议,同旧金山的 Touro 大学商讨了合作事宜。符华儿副校长此次出访,有助于加强我校与加拿大、美国高校间的学术合作与交流,学习国外先进经验,提高我校教学、科研水平。

三 耕耘与收获

在省教育厅与省外事侨务办公室的指导和校党委、校行政办公室的正确领导下，以上每一项工作和成绩的取得，无不凝聚着外事侨务处成员、有关人员和我的一番心血。外事侨务无小事，每一位专家的邀请、每一项合作、每一笔捐款，从沟通、策划、落实到实施，都费尽了脑筋、时间和体力，做足了"功课"，确保万无一失。比如每一位名师论坛专家的联系确定、演讲主题的落实、接待内容安排以及安全等，准备工作都比较长，有的甚至长达半年以上。外事侨务工作没有时间性，当时与我校交往合作的学校、社团和研究机构等主要分布在世界 18 个国家和地区，互访洽谈等校际合作不分寒暑假、周末和节假日。节假日往往是最繁忙的时候，与我校来往密切的海外华侨与社团逢春节、清明来海南或有互访活动，都会事先通知或与海大外事侨务处联系，接待任务十分繁重。

分管外事侨务工作期间，我和有关人员放弃节假日休息、带病工作是常事。

记得 2006 年春节期间，应香港海南商会的邀请，以我为团长、校党办主任范明为副团长、艺术学院副院长赵京封副教授担任艺术指导的海南大学艺术演出团一行 23 人，于 2 月 15～18 日赴香港演出并获得圆满成功。演出团为香港海南商会主办的"二○○六年新春联欢敬老宴会"呈献了一场具有浓郁海南地方特色和海南风情特点的歌舞表演，令与会嘉宾感慨万分、印象深刻。演出前，香港海南商会会长李运强先生、常务副会长潘正洲先生和香港海南商会副会长朱南生先生代表"周成泰爱华基金"先后向我校捐赠 20 万港币、20 万元人民币和 30 万港币。我代表学校接受了捐款并向他们和香港海南乡亲致以诚挚的感谢。这类面向中国香港或东南亚地区的交流活动较多，加强了我校同中国香港或东南亚海南乡亲的联系，加深了大家的友谊与感情。

还记得有一次我带队外访，当时发高烧，头昏脑涨，但行程已定别无他路，当天我赶紧到校医院拿了药，打了点滴，便乘飞机出发了。途中在香港停留半天，我感到十分难受，需要再打一针，但香港医院不随便给打针，我便找到表弟，他带我到熟悉的私人诊所处理后，我又按时上了飞往目的地的航班。这次的访问交流工作，我全程是带病进行的，但在访问交流对象面前仍旧精神抖擞、神采奕奕，因为我代表的是海南大学的形象，更是中国的形象。

悠悠往事拉近了过去与现在的距离，我们曾经的努力拼搏获取的成果，已成为构筑海南大学的砖砖瓦瓦，我感到无比自豪！

不断前进和发展吧，海南大学！

（作者注：本文的资料和数据摘自《海南大学外事侨务简报百期汇编》。）

早期开拓者王秉忠的趣事

王婧霖

　　王秉忠教授是新中国宝岛橡胶事业的元老和开拓者之一，早在 1952 年就来到海南岛，为后来开始的橡胶垦殖事业进行前期准备——植胶土地的勘察测量。在这一过程中，发生了一些堪称伟大卓绝而又饶有趣味的故事。

一　"响应党和政府的号召是不会错的！"

　　当王秉忠还是金陵大学（现南京大学）的学生时，在"抗美援朝，保家卫国"的激励下，在经历了党领导下的一系列运动之后，王秉忠等青年人的心中，就已经重重地烙上了"没有共产党，就没有新中国"的信念。有识青年们似乎浑身有用不完的劲，积极参与新中国的建设，一心期盼着祖国的召唤。

　　1952 年 2 月 20 日下午，在金陵大学农学院的 303 教室举行了华南垦殖调查动员大会。学生会传达了教育部要求农业院校师生参加华南垦殖调查的通知。听了动员，王秉忠等热情高涨，争先恐后地报名了华南垦殖调查计划。

　　"虽然不太了解'垦殖调查'究竟是什么任务，反正我们响应党和政府的号召是不会错的。"王秉忠后来回忆说。

二 南下

没过几天，1952年2月26日，王秉忠一行60人，由土壤系主任黄采瑞教授带队，在南京下关车站，登上了南下的列车。在车厢内，大家一路高歌、一路欢笑。为着一个共同目标会合在一起的青年学子，热情奔放、欢欣雀跃，奏响了革命青年奔赴南方进行垦殖调查、为建设新中国而奋斗的第一乐章。

1952年2月29日，列车经过整整2天的运行，到达当时的广州东山站。下车后，列队步行到位于东山区的广东革命干部学校。尽管有种种约束，同学们还是偷偷地跨出校门，好奇地去看了当时闻名遐迩的中山纪念堂。那时中山纪念堂并没有对游客开放，虽然只能在外面观摩一番该建筑物，但对学生们来说总算是过了一把瘾。

直到1955年，王秉忠在广州工作时，才有机会首次踏进中山纪念堂，并聆听了马思聪先生的小提琴独奏音乐会，也算是圆了多年的梦。

在广州期间，主要任务是植被调查、土壤调查、防护林带设计以及了解海南岛和雷州半岛的气候状况等。

（1）听叶帅的报告

1952年3月4日下午，全体师生列队前往省委礼堂听报告。会场戒备森严，为了预防坏人混入，要求队列中的每一个人前后都必须认识。事后才知道，做报告的是中共华南局书记兼华南垦殖局局长叶剑英同志。王秉忠回忆，那时只见叶帅从后台走出来，穿着非常朴素——一身褪色的军装，没有前呼后拥的陪同，台上也没有任何摆设。他大步走上前来，第一句话就问："你们的头呢？"于是，任总领队的黄采瑞教授上台就座。印象中，叶帅简要地讲了两点。一是发展橡胶的重要性。他说帝国主义对我们封锁、禁运，我们要把橡胶提到战略物资的地位。如果把钢铁比作人的骨架，石油是人的血液，那橡胶则是人的手和脚。发展橡胶不仅是我国的建设任务，也是和平民主阵营的一项战略任务。要爱护橡胶种子，把橡胶种子比作黄金、眼睛，要倍加保护。二是要同志们注意挂好蚊帐，不要被蚊子咬了染上疟疾；还要勤洗澡，并解释说，在南方，洗澡叫作冲凉。叶帅报告内容简洁，又十分亲切，给王秉忠留下了深刻的印象。

（2）到华南垦殖的指挥中心——湛江

1952年3月5日，大队部宣布向湛江出发。早已超载的客运船在海上艰难航行，一遇到风浪就晃动得厉害，这对王秉忠来说比较艰苦，他晕船，另外当时在公海，国民党的飞机还经常会来骚扰，只有夜间航行算是比较安全的，这一路堪称痛苦。经过2天多的海上航行，终于抵达了湛江。晕船晕得胃似乎都要翻出来的年轻人们，上岸后却立刻恢复了活力，有说有笑地漫步在林荫道上。

湛江是我国南方一座滨海小城市，曾经被法国侵占作为租界直至第二次世界大战结束。主要街道沿海边而筑，路边一排法式的别墅，围墙、花园、洋楼组合得十分协调，是当时法国殖民主义者大小官员的住所和办公地点。王秉忠记得，在海边林荫道一侧，甚至还保留了一座强占这座城市的法国将军的塑像，高达三四米，法国殖民者侵略的屈辱烙印，还保留得十分清晰。

这座塑像后来被推倒了。

（3）坐烧木炭的"猪笼车"下海安港

1952年3月28日，天还未破晓，大家就纷纷起床打背包，整理行装。大家坐的是货车，车厢左右两侧各放上一条长板凳。上车后，司机就把大家反锁在车厢内。车厢只有两个小窗口，整个拱顶的车厢，状似猪笼，因而名谓"猪笼车"。燃料用的是小方块的木炭,车上除一名司机外,必备一名助手。助手的任务除了保证供足蒸汽外,还往往要在上坡时下车来进行如下操作:车因供汽不足爬不上去,助手要迅速将"三角挡"置于车后轮的下面,以防汽车倒退滑行,然后即摇动鼓风机把炉火烧得更旺,甚至还要往炉内喷水。这样,汽车才能缓缓地行驶上坡。区区100余公里,竟花了12小时!这就是当时的车速纪录。

海安港,仅是一个小小的码头,不具备任何食宿条件。无奈只好"餐风宿露"——当晚大家没吃饭,就在公路旁一字形排开,以蓝天为被、大地为床,过了一夜。幸好老天作美,夜空中星光灿烂,岸边海风轻轻吹拂,原野上蛐蛐儿啾啾唧唧鸣叫,大家听着、听着,很快就进入梦乡。

三 横渡琼州海峡,到达海口

从海安到海口,自然是要坐船,自然是要晕船,然后是腹内翻江倒海、呕吐眩晕,好在只有大半天。

上岸后,王秉忠带着好奇的目光,一睹以"海之口"命名的这个小城市容貌:街道并不宽敞,两侧的商家都建有骑楼,颇与广州类似。虽然此时不到4月,却已热浪扑面。走在街道上,阳光直射,热得大汗淋漓,于是大家赶紧躲进骑楼,不仅可防日晒,还可避雨。骑楼不愧为热带多雨地区的建筑特色。晚饭后,王秉忠经常到一条大河里洗澡,从现在海口市地图上看,应是美舍河。河水不深,又十分清澈,洗澡时凉风送爽,非常舒服。

(一)工作中出差错,退了休才知道为什么

1952年3月31日,等到了出发的号令,大家奔赴琼山县岭脚圩。在那里见到的是大片平缓的坡地,对测量工作来讲,有极好的视野。测量工作的实施,首先要用经纬仪测好两条互相垂直的基线。基线走向根据防风的风向设定。然后在基线上,分别在

主林带长 1000 米、副林宽 200 米处开出垂直的角线，在角线上插上竹竿，即按三点成一线的原理延伸，主副林带线互相交汇成 300 亩大的网格。这种测量方法名叫"方格控制测量"，方法简单易行，是采纳当时苏联专家的建议实施的。

王秉忠在实际操作中，插竹竿总是出现偏差，虽然多方设法校正，却仍是插不成直线。幸好组长虞岳世及早发现了他的问题，于是改派他专门扛经纬仪开角线，这样就避免了测量工作中的误差。

为什么竹竿总是插不成直线呢？这一直令王秉忠百思不得其解。原因直到王秉忠退休后才弄明白，一次体检中，王秉忠偶然发现两只眼睛会出现重影的异常。于是，负责体检的医生就把他转到眼科做进一步的检查，最后的结果是：王秉忠的左眼存在先天性的视力差异——这就是造成他在插竿时不能插成一条直线的原因。几乎过了大半辈子，才解开这个"谜"。

（二）苦中作乐的野外工作

野外工作开始以后，王秉忠及同伴每天要抱着一捆竹子、木桩、测绳，早出晚归，一天两餐，中午只吃随身带的一点番薯。野外工作，日晒雨淋当然是"家常便饭"。下雨时，连个躲雨的地方也是找不到的，衣服淋湿了，仍穿在身上晾干。

野外作业出汗多，王秉忠又是个怕热的，怎么办呢？最好的情形是碰到有椰子卖的村庄，用当时的 500 元（相当于现在的五分钱）向农民购买 2 个椰子，里面的椰子水就能足足灌满水壶，渴了就喝椰子水，清凉解渴。这是当时最大的享受。

每天清晨，大家迎着朝霞出发，一直干到黄昏，背着晚霞收工而归。晚餐、洗澡后，又继续加班工作一段时间，主要是先整理资料、绘图，组长再布置后一天的任务。连续几天下来，这批在学校没晒过太阳的"白面书生"，个个皮肤都烤黑了，腿劲也练足了，对于夜以继日工作也习惯了，并不觉得苦和累，似乎总是在欢声笑语中过着他们的青春。

（三）野外生活的奇闻趣事

（1）飞行厕所

下到农村时，农民家里没有厕所，要大便时，只得跑到远远的山坡上比较隐蔽的地方解决。因为每天测量工作都会更换一个地方，王秉忠幽默地把这种大便方式命名为"飞行厕所"，大家也很认可。不过，麻烦的是，有时候去大便必须带上一根棍子。为什么呢？当时一些农村采用放牧式养猪，这些猪在野外到处觅食，看到有人大便，就把人的粪便当作食料了。这样，猪一定会在人大便时紧随其屁股后兜圈子，如果有两头或更多的猪，那争吃粪便的形势就更紧张了。这时，如果没有带棍子就没有更好的法子来驱赶它们，也就无法大便。

（2）山蚂蟥

有人告诉大家，在海南岛的大山里，有一种从来没听说过的"山蚂蟥"，讲得十分神奇可怕，据说它会跳会飞，还可能钻到人的肛门里去。抱着好奇又惧怕的心理，王秉忠等人来到这个有山蚂蟥的墨格乡。

果然，对山蚂蟥的传说还是要经过实践来检验，王秉忠发现山蚂蟥并没有传说的那么可怕，事实上，它比水蚂蟥小得多，即使吸饱了血身体胀得鼓鼓的，也是比较小的，它既不会跳，更不会飞。但它经常会附着在路边树梢上，把上半身探出树梢外，不停地摆动，犹如雷达般地寻找猎物，一碰到人，就能钻到人的衣服内，饱餐一顿。这一过程人们往往无法察觉——这就是山蚂蟥的特异功能。此外，山蚂蟥在吸吮人体血液时，会在伤口分泌"抗血液凝固剂"，使血液在伤口上不能很快凝固，而不断地流出来沾湿并渗透出衣服。这时，人们才会发现被山蚂蟥咬了。此后，伤口愈合也较慢，大约要一周时间；因痛痒难忍，往往会将伤口抓破而感染病菌。

当地农民防治山蚂蟥的方法，就是把裤筒卷起来，当发现它黏在人体衣服或皮肤上时，用竹片刮一下，或用手帕拍打，拍打不掉时，就要吐一点口水在手上再拍打。

（3）蛇

有一天，王秉忠在野外工作途中经过一个农村，发现有很多人围观。好奇心驱使他走到近处看，原来是有人在宰大蟒蛇。只见一条七八米长近 20 厘米粗的大蛇被挂在大树上，头朝上，尾巴几乎接触到地面。一个年轻小伙子，趴在树上，用刀在蛇的颈部环切，然后把环切处的皮翻过来，两手抓住蛇皮，依靠身体的重量，顺着蛇身慢慢往下滑，滑下来的过程，也就把蛇皮剥掉了。然后就是制尾取血，破膛取胆。蛇血和胆伴白酒生喝，据说是妙药。

时过境迁，这样大的野生蟒蛇已经十分稀少，现在当然已经被作为保护对象了，但是回忆起当年的情景，王秉忠还是历历在目。

海南野外常见的蛇有"青竹蛇""火赤链""金包铁""银包铁"等，这些都是毒蛇，跟大蟒蛇比起来，不仅更可怕，而且危害性更大。所幸蛇一般不主动攻击人，在野外工作时，只要用竹竿、木棍之类的工具，先"打草惊蛇"，把它们赶跑，基本可以避免受伤害；但也不尽然，有一次一个同伴工作结束时，伸手去衣服兜掏东西，竟然摸出了一条小蛇，吓得他一把扯下衣服扔出去了好几米远。

四　与海南结下终生缘

（一）再见，海口

1952 年 6 月上旬，野外的勘察测量接近尾声，王秉忠接到通知奉调赴海口承担绘图任务。次日晨，惜别了小组中共同战斗了 70 天的伙伴们之后，他和本校同学许添森（现山东农业大学教授）共同来完成勘测设计图的绘制任务。

完成绘图任务后，王秉忠返回湛江。1952 年 6 月 23 日早上，王秉忠登上了开往海安的船，离岸启程，那天天气很好，风平浪静，船已驶出很远，回首尚可清晰地望见海口那唯一的高楼——五层楼的海口大厦。此时，王秉忠心里默默地呼唤着：再见吧，海口！再见吧，海南岛！当时，他怎么也不会想到，自己以后的岁月将在这里度过。

（二）转折——志愿报名

1952 年 6 月底，华南垦殖局领导号召他们志愿报名，参加新中国天然橡胶发展工作。王老回忆，当时自己是个青年团员，对于党的号召、祖国的需要，当然是义无反顾地报名做志愿者了。没有想到，很快通过了审核和面试，经批准后，迎来首次橡胶树采种和育苗大会战，新中国发展天然橡胶的号角已经吹响了！

（三）红土地为媒，订下终生之盟

王秉忠的终身大事与终生事业，都是与海南岛红土地紧密联系在一起的。

老伴董建华和王秉忠是同校同学，在不同的系和专业。在校时，王秉忠与董建华根本不相识，即使一起来到海南勘察测量时，也没有在同一小组，但最后二人却"阴差阳错"地订下了终身，也不知道"月下老人"在哪里，可能是海南岛的红土地吧！二老 1955 年结婚，已风风雨雨地度过了 63 个春秋。

无独有偶。除了终身大事外，还有夫妻俩的终生事业，也经过一番曲折迂回，最后汇合到红土地上来。从此，他们俩就再没有分离过，一直在这块红土地上，为祖国热带作物教育和科学事业并肩耕耘。

"难道这一切都是偶然的吗？不，是缘分！"王秉忠如是说。

将近 70 年过去了，王老现在对当时的情形仍然记得清清楚楚，记得当时激情洋溢、献身祖国的豪情壮志。

秀才遇到兵，尴尬

张若兰

1950 年海南岛解放以后，随即成为国防前线，这个时候的海南既面临"二战"后恢复殖民越南的法国势力的威胁，也面临国民党特务的登陆渗透，岛内的形势十分紧张，常有当地的民兵和解放军巡逻，抓捕国民党特务。

在这一特殊时期，从事植保工作并不总是那么顺利的，工作中的意外尴尬也在张开明老人身上发生了两次。橡胶作为一种战略物资，那时只有海南可以种植，当时张开明所在的华南农垦局搬迁到儋州，开始了橡胶作物的研究和保护工作，因此常常需要深入农场，到各地去实地考察研究。

有一天，张开明老人和周郁文老人到文昌清澜东郊公社建华山大队调查椰子病害，建华山大队在一个半岛上，他们乘船过海找到了大队部，联系好工作之后想找个地方洗澡，一路找着，竟找到了岛中央的一个小学，那里有一口水井。两个人正东张西望地找水桶的时候，忽然被一群青年给围住了。这伙青年气势汹汹地质问他们是干什么的，要求检查证件。张开明和周郁文恰好把证件放在了大队部的提包中，于是和青年们商量，想一起折返回去拿。可偏偏这时同行的周郁文不服气地说了句："要查证件好好说嘛，何必这么凶？我们也不知道你们是干什么的，要查我们的话，则……"这可惹恼了小年轻们，话音未落，这群小年轻便说自己是解放军，有权检查他们，甚至还有人要把他俩关起来。周郁文就和他们辩解道："既然是解放军就要见首长。"这个时候有个人站出来说："我就是首长。"青年们大呼小叫一定要把张老师二人带走，也有人唱白脸说放二人回去拿证件。吵吵嚷嚷之际，两个人趁机拨开人群，回了大队部。没想到，不一会儿来了两个穿军服的解放军。其中一个穿的是准尉军装，上来说道："我就是这里的首长。"另一个战士手持冲锋枪守住了大门。准尉将两人带来的行李翻看了一遍，检查了证件也没找出什么问题。这下可下不来台了，只好说："你们态度要放好点，有什么了不起的吗？要不是我们解放海南岛，你们能来吗？"说罢就走了。

年轻气盛的两个人气得要命，他俩在岛中心，又不是解放军的禁区里面，况且那群解放军当时也在小学操场上打球，又没穿军装，谁知道他们是干什么的？与他们讲道理，反而吵闹了一场，最后还被这个准尉训了一顿，真是憋屈，当真是秀才遇到兵，有理说不清。

秀才遇到兵的经历，张开明可不止遇见了一次。又一次，张开明和周郁文得知陵水县的南平农场试种的金鸡纳树发生了严重病变，就准备上南平山上考察。

那天，该农场生产科邓科长和两名技术员准备陪同他俩上山，显微镜和行囊由两位工人挑，邓科长和两位工人先出发，说好在山脚的小学等他。周郁文和一位姓周的技术员也走了，张开明需要和另一位技术员王成绪找到手电筒之后再走。等他们赶到分岔路的时候，却找不见同伴们了，大概同伴们已经转入去山脚小学的路上了。等张开明和技术员往前赶路，走到小河边准备涉水过河的时候，却怎么也找不到浅水处。虽然山脚小学的灯光就在前方，两人却怎么也过不了河，只好大声呼喊，并打开手电筒向天空晃动，希望邓科长他们听见或者看到手电筒的光可以来接他们，结果晃了半天也没人来接，最后还是自己找到了浅水处过河。

这一晃可晃出了不小的麻烦，王成绪技术员在前，张开明在后涉水上岸时，草丛里突然跳出两个年轻人，他们一边拿枪指着张开明和技术员，一边用海南话大声叫喊："你们是干什么的？"张开明和技术员一边举起手，一边解释着他们是从南平农场上来的。两个年轻人听不懂普通话，张开明和同伴也听不懂海南话，比画了半天才知道原来两人是要查证件，但证件在行囊里被工人挑走了，张开明和同伴只好比画着有灯光的山脚小学，被拿枪押着前往。

还好这个时候邓科长和两位工人早早地到了山脚小学，拿出了证件向民兵证明了两人的身份，误会最终解除了。这个时候邓科长说，这天晚上有点情况，可能有特务在往天上打信号，所以乡里面放了很多岗哨。其实，往天上晃手电筒的是他俩，民兵是把他俩当特务抓了，如果那个时候两个民兵中的任何一个慌了神开了枪，张开明和同伴可能就一命呜呼了。

当天晚上，二周也没来，大家十分担心他们出事，一夜未眠。直到第二天，两个民兵把他俩押过来说，昨天晚上他俩在分岔路口没停下来一直往前走，坐在一座桥上等着和张开明他们会合，结果被民兵当成特务押到旧祠堂给关起来了。他俩没敢睡觉，在祠堂坐了一夜，两人不懂海南话也没有证件，早上被押过来才算松了一口气。这可真是惊险又尴尬。

在当时特殊的时代背景下，张开明这一代科学家面临种种困难，他们的工作也不可避免地蒙上了一层神秘又特殊的色彩，回想这些惊险刺激的青春岁月，个中的苦楚与艰难、其中的光荣和自豪，也只有张开明老师自己知道了。

林德光的第一课

高雪莹

1960 年，正值全国性的粮食短缺。

那个夏天，在厦门这个地方，每个人都是饥肠辘辘。可大家的精神状态并没有因为这份饥饿感而萎靡不振。高音喇叭中，一遍一遍重复着"服从祖国统一分配""到边疆去，到祖国最需要的地方去"。受这种氛围的感染，满怀着帮助贫困地区致富的抱负，林德光带着大学毕业统一分配的报到证和毕业证书，阔别了他的母校厦门大学，奔赴地处边陲的海南那大，到华南热带作物学院任教。

这一路上，林德光经历了很多让他印象深刻的事，而这些也成了林德光走出校门后的第一课。

一　油饼

经过三天三夜的火车硬座行驶，林德光抵达了湛江市。一下火车，一大群人就奔向车站右侧的一块空地。那里，两个人站在桌子上出售油饼，每张车票限买一张油饼。林德光也觉得肚子很饿，他肩负沉重的行李，急忙向买油饼的地方奔去。当时卖饼的人已经被围得水泄不通了，每个人都举起车票和购饼钱，希望尽快得到这个宝贵的油饼充饥。

挤啊挤，终于轮到林德光拿饼了。饼是拿到手了，可是因为实在太挤，林德光拿着饼的手高举着，却无论如何都放不下去。眼看着手里的油饼却吃不到，此时叽里咕噜的肚子叫得更厉害了，林德光急得连口水都流出来了。忽然，后面有个人竟把他高举着的油饼抢走了。由于太挤了，林德光无法转身，所以他也不知道是谁抢走了他的油饼。辛辛苦苦，又挤又抢，最后却一口饼也没有吃到。

这件事，现在我们听起来或许会觉得很好笑，但那时的林德光除了生气、沮丧，唯一的感受就是社会经济太困难、粮食太紧缺了。

二　从湛江到海安

到了湛江市区后，林德光需要解决的问题仿佛更多了，住宿问题、吃饭问题，还要安排好接下来的行程。就像是游戏通关一样，林德光开始了一关一关的"历险"。

找好旅馆，林德光就上街不断地逛，希望找到有饭食供应的店铺。后来，好不容易找到一家凭粮票吃饭的饭店，店里每张桌子旁除了坐得满满的食客外，还排着一列等待接替座位的第二批、第三批准备吃饭的人，当时的情况就是排队等着吃饭的人盯着坐在那里正在吃饭的人。现在回想起来也许会觉得有些好笑，可是人在粮食短缺、物资供应紧张的时候，哪里还能顾得上这些？林德光为了吃这顿饭，足足排了两个多小时的队。那个情景，林德光至今还历历在目。

从湛江到海口每天都有班车，但必须提前两天才能买到车票。在湛江的第三天，林德光终于买到了去海口的汽车票。那天下午抵达海安时，不巧遇上了台风，不能过海。那时的海安，只有几间破草房，没有旅馆。风越刮越大，当天过海是不可能的了，然而又没有旅店可投宿。对于第一次出远门的林德光来说，真是到了山穷水尽、走投无路的境地。在车站的草房饭店吃过晚饭后，人们已逐渐向四周散去，仅留下几个无处投宿的旅客，其中就包括林德光。那天晚上，林德光就睡在饭店的饭桌上。饭店四周空荡荡的，地处山蚊成群出没的荒野之地，林德光拿行李袋当枕头，缩身和衣而卧，度过了难熬的一晚。

三　蚊虫

冒着雨，坐着小船摇摇晃晃，三个多小时后，林德光终于到达了海口。他入住位于博爱南的一间小旅馆，旅店里人很多，床铺在阁楼里，是大通铺，必须弯着腰钻进去睡觉。

林德光全身疲惫，虽然被淋得湿漉漉的，但倒在床上一下子就睡着了。旅店的蚊子特别多，随手打在脸上就可以打死几只吸得饱饱的大蚊子。后来被咬的不耐烦了，林德光干脆把外衣脱下来，包住整个头，仅留鼻孔呼吸。接下来面对的还有臭虫的袭击，睡到半夜，林德光感到浑身很痒，一摸发现起了小疙瘩。他起身看到枕头上密密麻麻的臭虫，它们打圈圈地移动着，犹如大会战，刚才咬他脖子的就是这些臭虫。等解决好这些臭虫，天已将亮，这一夜，因为有蚊虫，并未好眠。

四　去单位

那时，各地的车票都紧张难买，林德光在海口一连住了三天，第四天才买到去那大的车票，早上六点从海口发车。那是一辆烧木炭的旧汽车，速度与儋州的牛车相比，快不了多少。全程历经八个多小时，大概下午两点多才到。当时那大基本上都是草房，人烟稀少。下车的地方离华南热带作物学院还有 11 公里远，而且只能步行或者搭人力单车去。

林德光找到了一个 40 多岁的车夫，带着装满书的木箱子及一张用了十多年的硬棉胎，再加上一个不轻的行李袋，缓缓向"两院"驶去。平地或者下坡，就是车夫载林德光；上坡，就是林德光在后面推。两个人都大汗淋漓，气喘吁吁。车夫对林德光说，他早上只吃了一点地瓜，实在是没有力气了。他家里有老人，还有几个小孩子，最近连米汤都喝不上。看到车夫说得快要流泪了，林德光同情之心油然而生。他掏出最后的 3 斤粮票送给车夫，车夫颤抖着双手，接过粮票，感动得一句话说不出来，差点跪下。其实，当时林德光的家人又何尝不是挨饿呢？据说，在公社食堂用餐差一点连手指都吃进嘴里了。

一路上磕磕绊绊，换作别人早就犯难劳累到无暇顾及别人了，可林德光并没有，即使自己生活也很困窘，但他还是乐于向处境更艰难的人伸出援助之手。

早在海安车站的时候，可以凭车票和粮票买到简易的饭菜。林德光吃饭的时候，旁边有一个瘦黑的男孩一直盯着他吃饭，林德光就问他："吃过饭了吗？"小男孩说："叔叔，我因为没有粮票和钱，已经两顿没有吃饭了。"经过交谈，林德光了解到，小男孩是海口人，暑假到湛江姑母家探亲。要回家的途中偏遇上台风，也不知道什么时候才能到家。男孩边说边哭，十分可怜。林德光顿时一股同情心涌上心头，赶快掏粮票给小男孩买饭吃。因为台风，林德光在海安小镇滞留了三天，每餐都会带着这位落难的小男孩，给他提供饭菜。

善良？高尚？热心肠？这些词都不足以形容林德光的所作所为。在粮食极度短缺，自己前路漫漫，不知道到底有多少麻烦等着他去解决，尤其是粮票这种关乎生存的东西，可他却还是愿意分享，即使现在看来，也让人肃然起敬。

五　木薯好吃

与车夫慢慢悠悠往"两院"方向走去，下午三点多才到。胡炳清热情地接待了林德光，并带他到人事处报道。林德光问什么时候开饭，那天，他只在早上喝了一点稀米汤，这时实在饿得不行了。可食堂要等到六点以后才有饭，周围也没有饭店，最后只能喝点白开水充饥。

晚饭是白白的木薯加上盐巴蒸，林德光一连吃了两份，什么菜也不要，只配了一杯白开水助咽。名副其实的木薯面包，林德光第一次吃起来感觉非常可口。他一连三天只吃木薯，到第四天才发现大便拉不出来，涨着肚子，难受至极。

虽说到达目的地后又发生了令人尴尬的木薯"风波"，不过这条从厦门到单位的路途也算有了一个圆满的结局。这一路上经历的种种，都成了林德光投身教育事业的第一课，也拉开了他后来 43 年漫长教学生涯的序幕。

专家学者们吃，这些？

陈倩倩

　　天然橡胶是重要的工业原料和战略物资，但在新中国成立前的 40 多年间，我国的橡胶生产发展相当缓慢，天然橡胶科学技术近于空白。雪上加霜的是，当时我国并无热带农作物生产经验。1950 年，美国发动朝鲜战争，并对我国实行封锁禁运，妄图切断我国急需的橡胶等战略物资来源。在如此内忧外患的情况下，我国决定在华南地区建立天然橡胶生产基地。新中国的第一代橡胶科技工作者，正是在这种特定的国际国内环境下，肩负起为国家研究和发展天然橡胶这个神圣的"秘密"使命。在这种情况下，科研工作者们遇到的困难可想而知，但你一定想象不到他们吃什么。

　　有一段岁月，被科研工作者文艺地称为"19 斤米时期"。为什么这么说呢？还要从 1959 年说起。那一年，正是"三年困难时期"的第一年，科研工作者每人每月只有 19 斤米，其实这并不能完全表现当时的艰苦。海南不仅米粮比当时广州配给量少了几斤，而且广州每月每人还有几两油、半斤肉，海南却全没有。并且 19 斤米还只是职工定量，若是家属，大人只有 15 斤／月，孩子就更可怜了，未满 15 岁的按年龄则是 7 ~ 12 斤／月。如果你看到这里觉得还挺优待科研人员的，那你就大错特错了。当时有不少科研工作者都是上有老下有小，你觉得他们能够心安理得地独自享受这 19 斤米而眼睁睁地看着自己的孩子们饿肚子吗？举个例子，梅同观先生当时家里有三个孩子和一个老人，这样一来，人均就比 19 斤低得多。况且，米粮是当时唯一可以维持生命的食物，竟也供应不上。

有一种食物被科研工作者戏称为"无缝钢管"，这又是什么东西呢？其实就是我们通常吃的空心菜。但这道菜与我们平时的烹饪方法可大不相同。首先把洗好的空心菜切段或者直接用手掐成段，留着备用，待水开后将处理好的空心菜放入开水烫一下，然后迅速捞出装盘，趁热在上面均匀地撒一些盐巴，用筷子搅拌几下即可食用。这种做法很好地保留了空心菜的原有风味，且制作起来简单方便，所用食材简单，是"两院"的科研人员最喜欢的菜肴。说到这里，你一定还有疑惑，空心菜就叫空心菜，为什么非要叫"无缝钢管"呢？"无缝"很好理解，因为空心菜顾名思义是空心的，又是圆管的形状，所以是"无缝"；之所以把它叫作"钢管"，是因为我们平时吃空心菜的时候，只吃它的叶子和比较鲜嫩的茎，而当时的科研人员吃的是它根部以外所有的部分，可想而知，接近根部的茎过于成熟，吃起来就又老又硬，像钢管一样，于是就被苦中作乐的科研工作者戏称为"无缝钢管"。

从上面老前辈的描述看，这个被称为"无缝钢管"的空心菜，应该是产于临高、儋州一带的一种比较特殊的空心菜，现在称为临高空心菜，它的主要特征就是茎比较长，可食用部分主要是它的茎，叶子当然也可以食用，称为"无缝钢管"倒也十分贴切。

其实不止这些，当时"两院"科研工作者吃的很多东西都是现代学子闻所未闻、见所未见的。据刘松泉先生回忆，1959 年是连续三年困难时期的第一年，粮食供应十分紧张，就连每人每月定量的 19 斤米粮，还是一半以木薯粉折合大米，有时甚至得吃发霉的木薯干。有一种说法叫"靠天吃饭"，是说竹子花开了的时候有人打竹米充饥，有人爬树采摘眼镜豆浸水去毒后食用，也有人拾非洲大蜗牛用草去掉黏液后煮食。没有蔬菜，研究所里规定每人每天摘三斤野菜送食堂，放到一口大锅内放水煮熟加盐，与"无缝钢管"的烹饪方法相同。不要想着吃油，不存在的。甚至在 1960 年 2 月 9 日，敬爱的周总理来研究所视察时，吃的也不过是用木薯粉精加工制成的糕点。

如果以上所说体现的是创业时期科研工作者吃的艰苦，那么到后来发展时期，当科研工作者去原始森林探寻野生橡胶的时候，可谓吃的"艰险"，这已经是改革开放后的 80 年代了。在郑学勤先生的记忆中，有一次到亚马孙原始森林考察，天气炎热，工作人员严重脱水，就干脆吞下一把盐再喝水，一天不知道要喝多少壶凉水，遇上河沟就往壶里灌水，喝的都是生水。没有水沟的地方就砍水藤补充，在林中砍上一大段水藤，可以供几个人喝够一次。他们在林中所带的干粮有长通心粉、炒木薯粉、大米、咖啡和一些罐头食品，饿了就在林中野餐。原始森林中有很多讨厌的黑飞虫，吃饭时仍然不得不带着面罩，还得来回走动着吃，一旦停下来那些"黑精灵"就会咬工作人员的手和脸。干粮不够吃的时候，工作人员就把所有的鱼钩都拿出来，安上长线和鱼饵，钓上十几斤鱼美美地吃上一顿。

所有这些，只不过是科研工作者所承受的困苦的冰山一角。无论是艰苦创业时期，还是改革开放后的"科学的春天"，"热作两院"的老一辈创业者，在几十年艰苦奋斗、无私奉献的非凡历程中，取得了许多具有国际或国内先进水平的重大科研成果，培养了一大批热带作物专业人才，为祖国的橡胶科教事业谱写了一部艰苦创业的壮丽诗篇。当年从事天然橡胶科教事业的老一辈创业者有的已经离开人世，目前还健在的大多已进入古稀甚至耄耋之年，他们都是为新中国的天然橡胶科技事业付出了毕生心血、做出了卓越贡献的功臣，他们当然要被铭记！

城西校区征地记

韩泳丰　黄　琳

1988 年 2 月的某天早上，时任"两院"院长黄宗道教授给院长办公室主任韩泳丰布置了一项工作："根据'两院'橡胶热作科教事业发展和曾为这一事业奋斗终生的老一辈安度晚年需要，院决定在海口征地 500 亩。这事由你具体负责运作。此事涉及政府部门多，难乎其难。"韩泳丰踌躇满志，一口答应，立即投身到这项工作中去。他当时可能没想到，这项工作竟然耗时五年之久，碰到了许多矛盾和障碍，关坎很多，颇费周折，可谓是一场持久战。

一　选址

1988 年 4 月 13 日，海南省正式成立，遵照中央决定，"两院"实行农业部和海南省双重领导的体制。当时，"两院"科技力量雄厚，仪器设备先进，成果累累，在海南独一无二，省委省政府非常重视，对"两院"在海口征地十分支持，原海南区党委副书记、建省筹备组成员韦泽芳同志与海口市陈南发副市长，曾亲自组织市国土规划部门和区、乡有关领导干部到城西、秀英等乡镇为"两院"选址。

院领导当然非常重视选址工作，黄、吕两位院长和韩主任一道到海口市所辖的秀英、海甸、美舍河、城西、丁村等乡镇进行实地勘察。途中，他们不顾疲惫困倦，马不停蹄地走遍海口市郊的山山水水。当人们还在梦中未醒时，他们就已经起床工作了。在弥漫的晨雾中，他们驱车赶到勘查现场，爬山坡、穿林地、涉小溪，衣服和鞋子湿了又干，干了又湿。为了选好址，他们都不觉辛苦、乐在其中。最终，经各方协商、多方考虑，决定选址于城西货运大道北侧仁里坡，这是由于其地势高，少受海潮和盐分影响；又东临府城文教区，南靠郊区农村，环境较适宜；近有市场，离城中心闹市区也不远，给养方便，避免再办"小社会"；西北侧有40米宽的临街大道，有可提供商铺建设的地方。至于曾考虑的秀英坡地，由于该地紧靠麻风病医院，医院搬迁困难，因而作罢。

二　补偿

征地需要做出大量补偿。由于补偿数额大，各方关系错综复杂，且政策性强，他们立即决定深入农村，直接与乡村干部和农民打交道，参与协商会。乡村干部"要钱项目"繁多，除土地补偿、农民安置费、青苗（树木）补偿、农转非补偿、公粮代金、误工补贴等项目外，还有公益金、公积金、灌溉设施赔偿、中小学建校资助、市场建设资助等，甚至还提出承包基建工程的要求，故这场交锋很是漫长。

好比攻城前的双方互派使者进行博弈，韩主任曾多次参加内外会谈，一项一项地谈，不厌其烦地谈。有时对方提出严苛要求，结果不欢而散；或对方姗姗来迟，局面一筹莫展。经过多次努力，结果还算满意，农民还是懂理、求理和服理的。几个回合下来，直接受益于农民的项目，皆取得了认同。然而涉及某些基层单位或个人利益的项目则出现僵局，一拖再拖。当韩老及工作人员一而再再而三地努力而无进展后，只得求救兵——向有关部门实事求是地反映情况，引起相关部门的共鸣和支持。最终签署了《国家建设用地协议书》《征地补充协议书》，明文确定了土地补偿、农民安置费和其他赔偿数额，妥善解决了问题，做到既不敲国家竹杠，也不损害农民利益，双方满意、项项清楚、杜绝反复、不留后患。至此，补偿事宜圆满解决了。

三　减免

地价款，同样也是一波三折。当时地价每亩 6.7 万元，仅地价款这一项就要约 3175 万元。庞大的数字让当时经费拮据的"两院"措手不及，向上求助也无结果，加之其他原因，征地工作无奈缓办了近两年之久。"休战"的两年内，他们并没有放弃，黄院长坚定地说："不怕被骂'出卖老祖宗'的罪名，转让白坡 7.12 亩，以换取 500 亩，相信最终会被人们所理解。"吕副院长也明确指示："第一，立即继续征地；第二，买与卖同时进行，如新地买不到，白坡土地也不转让。"在"两院"经费极端困难条件下，争取减免成为征地工作必须突破的难点和重点。他们明白，克勤克俭，掌握政策，争取省、市主管部门领导对其的理解和支持，是"战役"取胜的关键。为此，他们一方面频频走访省、市政府机关，另一方面请省、市厅局有关人员参观院内科教设施，希望采用"心理战术"，获得他们的理解。

柳暗花明，1988 年 12 月，海南省人民政府发出《海南省人民政府关于加强华南热带作物科学研究院、华南热带作物学院建设的规定》，确认了"两院"在海南省的历史贡献、地位作用和给予"两院"的优惠政策。同时，主管部门工作人员也热情帮忙，主动收集征地有关资料，并多次为他们讲解疑点，这让韩老等相关工作人员更好地掌握了优惠政策，制订了工作方案，少走很多弯路。他们认为，之所以能够这样幸运，很大程度上得益于掌握"生杀予夺"之权的省、市有关主管部门的关照。这正如时任海口市副市长的丁世隆同志在一次报告会上所说的："海口市给予'两院'以真挚的帮助。"

耕地占用税减免同样也是难以攻克的城池。开始，财政部门经办人对"两院"情况不了解，虽然"两院"工作人员反复说明了用地情况和提出了减免耕地占用税的请求，但花了很大的力气，财政部门仍不肯松口。为此，梁荫东副院长专程前往海口，登门面谈，三番五次地据理力争，他们也迟迟不给答复。政府机关有关领导出于热心，帮忙引文举证，旁敲侧击，结果被斥责为"不支持税务"，蒙受一些误会。好事多磨，他们又认真学习税法，进一步理解和掌握耕地占用税的精神实质，补充"弹药"，再次入情入理，如实地向市财政部门汇报、争取，最后终于出现了转机。市财政部门向省财税厅提出了具体减免方案，经省财税厅审定，上报省政府同意，结果为：按章纳税 40 万元，学校和科研农业用地免税 275.7 万元。耕地占用税这座"城池"最终也被成功攻克了。

四　特批

"征地审批"战进行时，省国土局为避免出现"建设资金不落实，圈地晒太阳"等现象，决定采取分期批地的办法，第一期只批 260 亩，所剩 213.95 亩要待投资建设能力具备后，再申请报批手续，这让韩老措手不及。由于这种做法不符合"两院"的实际情况，也不利于制定"两院"长期建设规划、争取国家资金。于是，韩老又继续充当起"说客"，执着地向省国土局等有关部门人员解释，言明利害关系，入情入理。此时已调任省人大常委会副主任的黄宗道教授，虽然工作繁忙，但仍跟过去一样心系"两院"，重视征地工作，主动向省政府和省建设厅领导汇报，请求辛业江副省长在审批征地的请示报告上做了"同意"的批示。当韩老拿到这个"同意"批示，前往省国土局领导办公室找主管局领导时，这位局领导主动站起来，举止有礼，却仍是不肯立即办理。大约又过了一个月，当孟庆平副省长（主管建设厅国土局）从中央党校学习归来时，事情终于出现了转机。听闻孟副省长回来的消息后，黄老和韩老不失时机地直奔省政府办公大楼去拜会他。孟副省长耐心地听取了黄老关于征地情况的详细汇报，充分考虑科教单位的实际情况和基建立项特点，立即在请示报告上批示"同意一次征地"。于是，经过多次努力，延续将近五个月之久的"困境"终于得到了解决。

五　迁坟

在"征地战"中，迁坟也是一件棘手的事情。迁坟公告发出后，便牵动了远近村民的心。澄迈县老城镇丰仍乡、海口市长流镇荣山乡等地的村民听闻此事，纷纷出动。仅几天内，坟地里竟突然"生出"了不少新坟，这令韩老惊愕不已。出于对可能造假坟的合理性推测，他委托院校公安处长肖庆云同志，请澄迈县公安局出面帮助。经过暗查，真相很快浮出水面，结果真如他所料，一些看似历史悠久的坟，埋着的都不是村民的祖先，而是他们为谋利益而生出的"歪心"。大部分村民为获取迁坟费，竟冒充坟主。在天刚蒙蒙亮时，他们就出现在树林、碑林、灌木丛、田埂和土坝之间，假装路过，却意在物色"祖坟"；还有一部分人，趁着天色还未大亮，蹑手蹑脚地把提前准备好的猪狗骨头偷偷地埋到地里，来造假坟……

出于对真坟主的维护与关照，加上又出现了真假坟的问题，迁坟补偿一拖再拖。村民们按捺不住，甚至将海口办事处的杨时全等工作人员层层包围起来，并放出狠话："不被认定，拿不到钱，就绝不走。"场面一度失控，院公安处和海口招待所曾派出多名工作人员协助工作，也无济于事。海口市公安部门也曾欲派出防暴队维持秩序，但韩老他们考虑到使用武力可能会造成后遗症，便婉言谢绝了。在这偌大的 500 亩土地上，这样的闹剧上演了很久，一个接一个出现的新坟让工作人员措手不及，一次又一次的围堵闹事让他们心力交瘁。直至公安局将事情真相查得一清二楚，闹事的村民们无地自容，这场浩大的迁坟闹剧方才平息。

六　附着物

新地尘埃落定后，便要圈地建围墙了。最后一场"战役"打响，不可避免的首要任务就是在地附着物的清除。"两院"所征土地上附着物及所属产权复杂，经济赔偿、迁出重建用地等诸多问题也需要一一解决。为此，韩老及工作人员理清头绪，迎难而上，逐个突破，谈判、订合同，而后付诸实施。然而过程总不是一帆风顺的，不断出现打架、推倒围墙等事端，造成圈地工作步履维艰，进展缓慢，颇有独木难支之感。

幸好，院内许多有关部门和同志都十分理解征地的重要性，给予极大的支持，有的还主动出来帮忙。据韩老回忆，就有陈有海、黄尚华、孙岐志等同志，他们积极参加了实地测量，反复核准用地面积和围墙走向；陆汉林、王锦华等同志亲临现场，加强管理和监督，保证各项工作有条不紊地进行；陈凯荣、杨时全等同志，深入农村，认真落实征地安置工作，以落实协议条款；符永保、张意锦等同志，分别参加了谈判、选址、测量等活动，做了大量工作。院内许多同志好比后备救援军，只要院领导发话，

"呼之即来"，尽心尽力，毫无怨言。

七　意外

到了 1993 年，征地工作差不多要完成了，又出现了海口市路网规划修改的变故，调整后的规划中道路将占用"两院"的土地，"两院"将损失 40 多亩，而且原本完整的土地将被分割成东西两块，也不好使用。毋庸置疑，他们又得展开行动，向市规划部门提出更改规划的要求。王越丰副省长经常与"两院"专家探讨海南扶贫工作，与"两院"交往甚密，表示无论如何也不会让学校吃亏，积极出面进行疏通。他们苦口婆心，反复说明其中的利害关系，市规划局有关科室同志也表示同情，鼎力相助。最后，市政府同意取消道路从该地穿过的方案，并决定南侧大道由 60 米宽改为 30 米，而西北侧大道则由 30 米调整为 40 米。由此一来，"两院"所征土地不仅免遭损失，而且增加用地面积 22.83 亩。但是，这样一来，除南侧围墙（约 100 米）要推倒重建外，政府原颁发的各种图纸、证件、合同、批文等具有产权性质的文书材料，也将一律作废。但他们依旧尽力地做好重新测量定界、签订合同、绘制图纸、土地使用证申报和更改电脑档案资料等工作，并逐级地做好报批手续，最终圆满地完成了任务。

八　成功

天遂人愿，经过一次又一次地求见省、市领导，一次又一次地报送各种请示，一项又一项地办理烦琐手续，一个又一个的大红公章最终盖上，一次又一次错综复杂的矛盾最终解决。韩老以及其他工作人员终于圆满完成了这项颇具戏剧色彩的征地任务。海口市有关部门为他们颁发了《土地使用证》《土地规划许可证》

和红线图等文件，并明文规定了土地使用者为华南热带作物学院、中国热带农业科学院。

前后历时五年的这次征地，无疑为"两院"的热作科教事业发展提供了新的空间。每每想起这件事，韩泳丰都倍感自豪与欣慰。这一场战役，打得很值！他们多年的努力最终没有白费，时至今日，"两院"的发展便是最好的佐证，同时，这也成为他们最引以为豪的事情。

私立海大创校纪事

李 冰

在海口市滨海大道北侧，得胜沙附近，曾有一处椰影摇曳、风景静美的"椰子园"。很多人并不知道，这里曾经是海南第一所高等学府——私立海南大学的校址。

2012 是私立海南大学建校 65 周年，这所 1947 年创建于抗战胜利后的海南高等学府，在筹备之初就集结了韩汉英、宋子文、梁大鹏、陈序经、颜任光、范会国等一批文武商医之精英及大陆政经学界人士的力量，海内外琼籍华侨多方捐款，成为琼人所共创之教育事业，从 1947 年至 1950 年，学校虽存仅三个学年，却掀开了海南高等教育发展史的序幕。在这里，曾有来自全国 18 个省区的 400 余名莘莘学子刻苦学习；在这里，曾有一批接受过美、法、德、日、意等国高等教育的优秀教授精英执鞭讲坛，在琼人教育史上抒写了璀璨的篇章。回望历史，也是为了展望美好的未来。

1947 年 11 月 8 日，在海口市得胜沙附近的椰子园中，一派热闹景象。许多穿着中山装的男青年和穿着旗袍的女青年在园中来来往往，他们带着不同省份的口音，却有着同样蓬勃的朝气，谈笑风生。这一天，海南第一所高等学府——私立海南大学正式开学，共有 400 余名省内外学子负笈来此就学。

当年，正是在一股强烈的乡土意识及使命感的牵绊下，这所南陲学府历经艰难，在无数海南乡亲华侨的群策群力下，在风雨飘摇的中国历史转折期呱呱诞生，成为海南高等教育发展史的肇端。

一　400 余位名人联合发起

1945 年抗战胜利后，被日军占据长达六年半之久的海南与全国大多数地方一样，百废待兴。当时的国民政府打算在琼建省，加快建设海南。而创设海南大学的提议也初始于此。

事实上，早在 1934 年，身为海南乡亲的宋子文便曾提出建设海南的方案。后因日本侵华战争爆发而搁浅。抗战后期，眼看胜利在望，留在重庆后方的琼籍人士便掀起了一股建设家乡、创设大学的热潮。

为何会在民生凋敝的社会状况下，提出创设海南大学？据创始人之一梁大鹏记述，原因有二。首先，为教育人才。海南曾在宋明时期有过灿烂的社会文化，但进入近代之后一直没落，乃至停滞不前。如果不从文教着手，"社会方面无从确立，精神力量无从发挥，各级人手也无从储备"。

其次，为专门研究。海南是我国的热带岛屿，海南大学可为热带及亚热带病理学、植物学研究提供基地和实验区，填补国内空白。

1946 年 6 月 9 日，海南籍革命元老陈策广邀同乡集议，决定成立"私立海南大学筹备委员会"，选出以陈策、黄珍吾、韩汉藩、梁大鹏等人为首的 12 名筹备委员，并在广州、海口两地设立筹备处，加紧创校工作。

原籍琼海的台湾学者王万福曾亲历海大创立过程，他在回忆文章中特别提到，为了扩大影响力，筹备委员会联络了445位当时的政学军商界名人为创校共同发起人，其中不乏孙科、宋子文、傅斯年、罗家伦等名人。在这400多位发起人中，非海南籍人士只有95位，而以宋子文、陈策、王俊、韩汉英、颜任光、范会国、梁大鹏等为首的海南籍社会精英多达350位。

如今翻阅这份长长的名单，不仅可以了解当时海南籍人士在中国政治经济社会中不容小觑的地位，也可以清晰感受到一份同心同德、倾力创校的爱乡热忱。

二　海内外人士捐款捐物

为了尽快办学，在筹备委员会成立的同时，向香港琼籍同胞及南洋琼籍侨胞募捐的活动也在轰轰烈烈地进行中。

据史料显示，当时的募捐目标是国币268.4亿元（折合美金143.875万元）。在林少波、韩汉藩、云盈波、梁大鹏、颜任光等人奔走下，一笔笔捐款雪片般从海内外飞来。截至1948年海大董事会成立时，已收到捐款国币1045亿元，以及港币、美金各4万多元。

据梁大鹏回忆，有一位不愿透露姓名的海南同乡慷慨解囊，捐出法币7500万元用于购买38部校工厂所用的机器，是当时最大的一笔捐献。

而作为校董，旅泰巨商云竹亭（1884~1959，文昌籍，时任暹罗中华总商会会长）在募款过程中出力甚巨，可惜的是，由于泰国政府阻挠，当时泰国琼侨捐献的部分款项未能汇回国内。

除了向外募捐，本岛的琼籍人士也纷纷出钱出力，或捐赠珍贵书籍仪器，或协助海大取得校址。

身为校董之一的韩汉英，为海大捐赠了大批图书。这批书当时从贵州转运广东再转运海南，为海大中文系的开设奠定了基础。

海南名商周成梅无偿捐出了私人开办的海南医院，作为海大医学院的实习医院；琼海中学与琼山县捐出两处农场共 600 亩，作为海大的试验农场；等等。

此外，由于椰子园此前是日海军司令部所在地，抗战胜利后被军事单位接管，多得陈策、韩汉英、王俊等琼籍军事要员奔走斡旋，最终获得琼崖办公室主任蔡劲军同意，将面积为 500 亩的椰子园定为海大校址。

三 定址办学波折重重

按照当时国民政府的行政规定，私立学校必须经过主管教育行政机关核准开办，否则不准招生。但由于建校心切，私立海南大学董事会于 1947 年秋成立后，未经立案，即于当年 11 月 8 日招生开学，到第二年 5 月才拟妥文件，申请立案。

这个当时看似并不严重的程序问题，却险些让刚刚成立的海大失去办学资格。

此时，宋子文、王俊、颜任光三人分别亲函中华民国教育部部长朱家骅，详述特殊环境下不得不先成立而后备案的苦衷，并指出海南大学在中国高等教育中的重要地位。

其中，王俊（澄迈籍）的书函写得尤为恳切，文情并茂："我国当前高等教育病象有二：曰多数大学集中三数都市；曰学术研究缺乏分工合作。弟等创办海南大学于琼崖，正为针对二时弊……且本大学为琼崖人士群策群力，艰苦经营之最高学府，除着重热带性学科之研究外，负有协助政府建设新琼崖之特殊任务……当并琼崖三百余万同胞所共寄之希望也。"

1948 年 9 月 7 日，教育部准予立案，但要求修改某些条文措辞。1948 年 12 月 17 日，海大董事会经由广东省教育厅再次呈交备案材料，至此董事会立案问题算是完全解决了。但对于海南大学本身的立案，教育部仍不肯放松审查。

1949 年 6 月，教育部派督学阮康成赴海大视察。阮康成视察后，于 8 月 1 日提交一份详尽报告，其中 6 点评语十分重要。我们也可从中窥见当年海大创办初时的一些不足之处和闪光点。

（一）经费不足。阮康成发现，私立海南大学的资产，如农场机器等未能发挥正常的创收作用；不少学生来自农家或交战区，经济来源一旦断绝便无法缴纳学杂费；"而暹罗华侨认捐的 50 万元港币，受暹罗政府所阻，无法寄回祖国"。

（二）校舍须改扩建。私立海南大学所在的椰子园，本是日伪据点，因此六七十栋校舍都是日式木房，地方狭小，不敷应用。

（三）图书仪器待添置。当时私立海南大学的图书仅一万余册，其中多数为文学类，社科类书籍很少，字典、百科全书等尤其缺乏。而仪器方面，仅够普通实验用，研究性工作无法开展。

（四）扩大本岛招生数。阮康成指出，当时的私立海南大学学生以外地人为主，本岛学生仅占 1/4。因此他建议，应设法多收本岛学生及华侨子弟，"以宏设校初衷"。

（五）应重农医发展。当时海南岛急需人才，尤以农医最为迫切。因此阮康成建议，应着重发展农医二学院。而文理学院的教育系及数学系仅学生一二名，形同虚设，阮康成提议，不如暂时停办。

（六）教员严格称职。阮康成写道："该校名教授虽不多，然其专任教授皆住校内，尚能称职，对于教学及管训诸端，均能严格办理，实属难得。"

当时的教育部长杭立武阅后批曰："海南地位重要，在两年内有此基础，殊可嘉尚，惟设备仍应充实。对学风及学生素质，应特别注意。俾养成良好风气。"于是，1949 年 8 月中旬，教育部正式批准海大立案。

据台湾学者王国璋回忆，他曾听梁大鹏副校长说过，时任广东省政府主席的私立海南大学校董宋子文，有一次返校视察，当飞机飞临海口上空时，他指着海大校园对一位美国贵宾说："This is my university。"可见他也以创设海南大学为荣。

私立海南大学成立期间，正逢社会动乱、经济萧条，椰子园里的校园生活也因此简朴得有些清贫。两年半的时间里，学生人数多时不过三四百人，少时仅 200 余人。但这数百学子却以一股年轻人特有的热情、浪漫、勤奋给当时的海南教育界留下了一笔宝贵的精神财富。

四　数百清贫学子负笈来琼

1947 年 11 月，海大在校学生数为 400 余人，其中仅 10% 为海南籍学生，其余则来自全国 18 个省区，尤以广东籍为多，约占 65%。而 1950 年初，也就是第三次招生后，人数降到最低，仅 296 人，其中海南籍学生约占 30%。

这主要是由于两大原因：首先，当时与大陆经济交通断绝，而私立海大每学期学费高达 120 银圆，许多学生因交不起学费而辍学；其次，海南本地的中等教育不发达，考得上海大的本地学生不多。

对此，教育部与海南大学有着不同看法。督学阮康成认为，"似应设法多收本岛学生及华侨子弟，以宏设校初衷"；而创办者及海南地方人士则抱着扩大文化交融的态度欢迎外地学子。

副校长梁大鹏曾满怀深情地回忆道："在开学的那一天，我们看见椰子园里来来往往的，9/10 都是来自外地的男女青年，他（她）们带有不同省份的口音，显示着不同的生活习惯、生活方式。在地方人士看来，非常兴奋，因为他们从来就未曾看见这许多青年负笈来琼就学，也从来就未曾梦想海口这一寞落的小镇，居然成为南疆文化的中心。的确，海口市容因此改变，全岛社会也形成另一气氛，值得鼓舞而自慰。"

"大陆来的学生特别爱吃香蕉。"现居海口的王春煜曾就读于私立海大附中部。他回忆道，虽然当时海南社会经济并不发达，但丰饶甜美的热带物产还是令外省学子倍感新鲜和喜爱。

但作为一所需要交纳学费的私立大学，生源不足随之带来的是海南大学无法平衡的财政收支，而这几乎使海大陷入经济困境中不可自拔。"当时通货膨胀，货币大幅贬值，学生生活万分拮据，常以电报告急。"当时就读于海大政治系的浙江籍学生钟永强曾回忆道。

1948年，私立海大中文系学生郑白心就因为交不起学费而心急如焚，于是毅然上书教育部要求给自己核发公费。但当时冗政之风盛行，教育部以"该生申请公费，应呈由学校转呈始办"的理由敷衍了事，并未立即发出公费。最终郑白心有没有因此辍学，我们不得而知。

为了补贴学生，海大首先推行了自助教育计划，也就是工读制度。按照学生们的要求，分别派往学校附设的农场、医院等单位工作；校中员工，凡可由学生代替者，都尽量遣用学生。其次，海大校长范会国请副校长梁大鹏亲赴台北申请经费，要求350名学生全部公费，并每月给予补助，拨图书仪器给海南大学等。但当时的教育部因经济困难，明显缺乏诚意，态度敷衍。最终，还没有领到补助金，私立海大便宣告结束。

五　简朴而快乐的校园生活

在私立海大的学生中，有一些来自地主、富商或军政要员家庭，比如陈济棠的女儿，据说她每天乘坐汽车上学。但一般而言，海大学生大多出自中等以下水平家庭，过着非常简朴的生活。

孙有瑄老人于 1947 年考入私立海南大学中文系，成为当时 400 余名莘莘学子中的一员。他曾在一篇回忆文章中写道："校址就在得胜沙路末转向西南，通过一座小桥，是一处四面环海的小岛。虽然名为椰子园，但椰树并不多，日式木屋附近种着桉树、木麻黄、台湾相思等。因为四面环海，所以空气很凉爽，我当时便觉得海南真可爱！"

椰子园内本有日军遗留的房舍及水电设施，但损坏不少，因此校园基本条件比大陆的一般大学要差得多。

今天的我们可以从老照片中看到，当时的学生宿舍是日式的高架木屋，基本都是平房，木格窗上糊着白纸或装着玻璃。室内除卧床外，还有单人或双人书桌、圆形凳子、靠背椅等家具。校内有自来水和电灯，这使海大成为当时全海南岛最先进的地方之一，因为当时岛内很多地方还过着点油灯的日子。

学生食堂内有电风扇和灯泡，学生们在条凳和木桌上就餐，大概 2~4 人一桌，二菜一汤。值得一提的是，学校有一台制冰机，所以学生们应该可以吃到一些冷饮。

从另一张老照片中，我们可以看到蓝天树影下一湾粼粼碧水，那是海大的游泳池。从海大当时的一份财产清单来看，校内的运动器材虽然不多，但种类还算齐全，包括篮球、排球、乒乓球、羽毛球、网球、垒球、足球、棒球、铅球、标枪、铁饼、单双杆等。

老照片里，男生都留着整洁的短发，穿着浅色衬衫长裤，看上去朴素沉稳。女生的服饰打扮则丰富得多，从一张合照中可以看到，有俏皮的碎花或深色的旗袍、文雅的白衬衫配黑长裤，又或是可爱感十足的工装背带裤，颇有时代潮流之感。

由于校园在海口市区最繁华的得胜沙一带，因此学生们还可以很方便地出行游玩。

王春煜告诉记者，他还记得学生们爱去附近的"五层楼"、胜利剧院、中华戏院看电影。播映的都是当时的流行电影，有国产影片《一江春水向东流》《火烧红莲寺》，也有美国动画片《人猿泰山》等。

孙有瑄曾感慨道："我们海南大学的学生都有着非凡的自豪感，对自己的仪表行为都要求严格。当时海口市民都对我们刮目相看。"

六　书生自古不清贫

在高等教育中，教师的品质对大学成败有着极其重要的作用，私立海大也没有忽视这一点。但由于时局动乱，地处南隅的海大很难延请到太多的国内外著名教授。而颜任光、梁大鹏等几位海南籍校长便诉诸乡情，鼓励海南籍学人回乡任教，这也成为海大的一大特色。

当时海南大学教师来源很广，外籍教师最多时有 9 人，分别来自美、法、德、意、日等国；中国教师多时有四五十人，约 1/3 为海南籍。学历方面，留学欧美、日本的有 16 人，获博士学位者 9 人（其中海南籍者 8 人）、硕士 3 人、学士 15 人、未详者 14 人。

从以上资料可以看出，海大的教师素质并不低，甚至具有相当的学术水准。比如校长颜任光是中国著名的物理学家，第二任校长范会国是著名数学家，副校长梁大鹏是纽约大学政治学博士，教务长麦逢秋是法学博士，医学院院长朱润深是医学博士。

当时海大设文理学院、理工学院、医学院及农专班，还有一个颇具规模的附中部。按照规定，任何院系都要修读一年的政治和英语。

以几位校长为代表，海南大学教授们热诚恳切的育人之心也长久地留在后人记忆中。

在孙有瑄的记忆中，颜任光校长个子不高，很结实。"我常偷偷去听他上物理课，只见他拿着粉笔在黑板上写写讲讲，每个人都潜心静听，只有学生做笔记的'唰唰'声。"有一次，孙有瑄因家中寄钱迟了，没有及时缴费注册，颜校长得知后立即写条让他先注册上课。

"椰子园的景致固然不错，生活却是艰苦的。"曾就读于海大、后在琼海任中学校长的王先柏曾回忆："由于校长治校有方，校园里的读书气氛很浓。"

他印象中的梁大鹏副校长是个温文尔雅的谦谦君子。"有一天我在上课，他轻轻推门而入，站着听我授课，十多分钟后离去。我至今记忆犹新。"

1950年4月，海大解散后，教师学生四散各地，有成就者不在少数，如著名美籍女科学家蒙如玲等。清人黄景仁有句云："未曾清贫难成人，不经打击老天真。书生自古不清贫，一笔文才天下匀。"对当时的海南大学师生而言，此诗正好可以作为写照。

（本文原刊载于 2012 年 11 月 12 日《海南日报》。）

王春煜教授与琼剧

徐晗溪

"海南文化宛如一颗颗晶莹闪亮的珍珠，散落在各个角落，如能把它捡回来，串成一条璀璨的'珍珠链'，供世人欣赏，那该多好啊！"历经数年准备，海南大学文学院退休教授王春煜终于梦想成真，收集整理"散落的珍珠"，由海南出版社结集出版《海南歌谣》和《琼剧经典——〈红叶题诗〉》两本著作，为海南读者串起两条绚丽的"珍珠链"。

《海南日报》记者独家专访王春煜，带领读者一起走进繁花似锦的海南文化，领略琼剧与海南歌谣的魅力。

一 因海南歌谣结缘文学

王春煜出生于海南琼海的一个村庄里，在未出嫁的姑姑陪伴下，度过了难忘的童年。姑姑没有上过学，靠勤奋自学认得不少字，她有一卷歌谣手抄本，不时拿出来轻声吟唱，深深地影响了幼年时的王春煜。虽然那时还不能完全理解歌谣的含义，却喜欢听姑姑哼唱，朗朗上口的旋律让他渐渐爱上读诗写诗，并从此走上文学之路。

海南音乐资源丰富，有儋州调声、临高哩哩美、崖州民歌等，后来成为中文系教授的王春煜，对海南歌谣情有独钟。在他看来，海南歌谣不单是海南民间音乐，还是海南文化、海南人的血脉和历史传承。

退休后，他把经年搜集的海南歌谣梳理、编订，想用这许多优美、隽永的海南歌谣，为读者展示一种纯真的感情，一种自然、朴素的美。

"万泉河波连波，一路奔腾一路歌，你知河水唱什么，为何名叫万泉河？"正如歌谣《万泉河波连波》所示，海南歌谣中常常可见到铺陈、重叠、对比和问答等形式，而海南话则有其独特的音调，使得歌谣听起来悠扬婉转，宛如鸟儿鸣叫在枝头，令人动容。

他说，海南歌谣题材广泛，不拘一格，有言情的，有叙事的，有的婉约悦耳、余音绕梁，有的节奏铿锵、豪放旷怀，无一不在歌声中述说着海南故事。

在《海南歌谣》一书中，王春煜将各种歌谣有序地收集整理起来，按照节令歌、时政歌、爱情婚恋歌、侨乡歌等形式编排，令读者一目了然，集中地反映了海南的社会历史、时代风俗和海南人民的现实生活形态，也彰显了海南人民的思想感情和艺术趣味。

二 致敬琼剧《红叶题诗》

"别看它们是民间文化，海南歌谣与琼剧戏文都善于运用赋、比、兴等文学创作手法，都有一定的文学性。"王春煜说，许多琼剧的戏文都来自海南歌谣，尤其是生旦唱和的戏文最能看出海南情歌的影子。"长调歌谣，可搬上舞台，用琼剧唱腔演唱。"

比如，著名琼剧表演艺术家王英蓉演唱《绿波红叶两茫茫》

时，其表情何等的委婉细腻，充分表达了女主角玉蕊以一片红叶当"绣球"寄托爱情，期待"绣球"落入心上人手中的复杂情感，带给观众难忘的记忆。提及琼剧，王春煜回忆起他看经典剧目《红叶题诗》时的感受。他说，琼剧《红叶题诗》于1962年首次搬上银幕，迄今56年，在这个值得纪念的日子里，他出版《琼剧经典——〈红叶题诗〉》，是在向经典致敬，向传承琼剧精神的艺术家致敬。王春煜将此视作一种琼剧精神的传承。

在琼剧的发展历史上，不乏优秀的作品，如《张文秀》《红叶题诗》《搜书院》《狗衔金钗》等，都是海南老百姓耳熟能详的经典剧目。

他说，《红叶题诗》从舞台走向银幕，又从银幕返回舞台，它的唱词和旁白写得很美，特别是唱词婉转清丽，通过诗与剧的谐美结合，创造出诗情画意的戏剧情景，极具艺术感染力，这从某种程度上说明了《红叶题诗》能成为琼剧经典的原因。戏文应该有戏有文，这也是古今中外所有经典剧目的共性。

三 精彩戏文才能成就经典剧目

"比照现在的琼剧剧本，许多是有戏无文，很难称得上戏剧文学，无疑与当下琼剧创作的艺术水准滑落有关。"王春煜感慨道。一部戏剧要想成为经典之作，剧本的戏剧性与文学性、可看性与可读性应该是比翼齐飞、相得益彰的。

王春煜告诉记者，最初版本的琼剧《红叶题诗》的立意并不高，剧情也乏善可陈，是经过多次的整理、修改和提升后，才变得精彩起来。

辛亥革命后，名旦陈成桂编写了一个没有时代背景的"三角恋情"故事——主人公文东和、姜焕维与表妹之间的爱情，文东和最终与姜焕维成为眷属，表妹则被赐封为七王妃，各得其所，皆大欢喜，是个喜剧结局。这是《红叶题诗》的雏形。

后来，戈铁、石萍联手几易其稿，再加上田汉将剧中原有的反映儿女情长的五律主题诗，改为："犹自深闺怯晓寒，暖风吹梦到临安。花娇柳软春如海，却爱天涯一叶丹。血戏中原骨未寒，可怜湖上恋偏安。蛾眉倘许酬霜叶，愿结同心一片丹。松柏从来斗岁寒，愿同生死不偷安。相携西子湖中去，化作胥潮血样丹。"突出了文、姜二人在真挚的爱情之外，还有爱国情怀作为铺垫，才有了如今的经典之作。

田汉当年离开海南前夕，曾留下一首告别诗，前两句云："琼剧精神何处求，优良遗产继前修。"王春煜对此感触颇深，他说，从《红叶题诗》的发展历程中，可以看到创新和继承不可分割，继承必须要创新，要创新必须有所继承，要学会从中国文学传统中吸收琼剧发展的养分。

"眼下大家都在热议琼剧该如何振兴。"王春煜认为，振兴琼剧需要各种条件，但从当前琼剧界闹剧本荒的情况来看，其中最重要的一条，是要尽早建立一支专业创作队伍，创作出一批留得住、传得开的剧本，才能真正将琼剧发扬光大。

（本文原刊载于 2018 年 1 月 8 日《海南日报》，

收入本书时标题略有改动。）

海大苍鹰　全国最佳

陈蔚林　张佳琪

2017 年 2 月，在共青团中央、中国青年志愿者协会组织的第十一届中国青年志愿者评选中，海南大学苍鹰支教队包揽优秀项目奖、优秀组织奖、优秀个人奖三大奖项。

他们值得这样的赞誉！8 年来，苍鹰支教队共结对帮扶农民子弟学校近 10 所，残疾人服务点 5 个，累积注册队员 3500 余人，志愿海南网上累计志愿服务时长达 62489 小时，发起志愿服务项目 1000 余次，直接服务农民子弟上万人，是海南省定点服务农民工子女小学时间最长、服务次数最多的大学生志愿服务团队。

海南大学苍鹰支教队和海口市苍西小学的孩子们有一个美好的约定：每周四，队员们都要到学校为他们开启"第二课堂"。

2018 年 4 月 26 日，是约好的日子，可天公不作美，窗外雨势由小转大，街道上的积水很快没过了脚踝。

"还是要去，不然孩子们一定很失望！"披着雨衣，队员们骑上单车向学校进发。当他们挂着一身雨水抵达学校时，早在校门口等着的孩子们就雀跃着跑来，和还来不及脱去雨衣的他们，扑了一个满怀。

"坚持不懈，风雨无阻。"支教队指导老师杨智伟说，这 8

个字就是苍鹰支教队获得"全国最佳志愿服务组织"的"制胜法宝"。

一 匠心独运打造"第二课堂"

杨智伟还记得支教队多年前第一次来到苍西小学时的情景。当时，这所位于海口城乡结合部的学校发展十分缓慢：硬件条件不好——部分学生不得不在临时搭建的铁皮屋里听课；软件条件也差——没有专职的体育、音乐、美术教师，无法给学生提供专业的美育教育。

然而，在这里就读的学生大多是农民工子弟，学校几乎是他们培养兴趣爱好、习得一技之长的唯一途径。

支教队到来后，每个学期初，孩子们都会收到一份表格，可以在百余门课程中选择喜欢的几项，得票数高的课程会出现在本学期的"第二课堂"上。

"最受欢迎的课程有足球、篮球、滑轮等。"支教队队长文茜艳告诉记者，这些课程大多是海南大学的选修课，队员们可以将自己在学校学到的知识，重新编排成小学生易于接受的版本再教给孩子们，很大程度上降低了教学成本、提升了教学质量。

因为独具匠心，这些课程很受欢迎。文茜艳举例，在影视鉴赏这一课程中，支教队邀请留学生同学到校，一边推介其所在国家的经典影片，一边介绍该国的风土人情、历史文化等，拉近了原本遥远的国度与孩子们的距离。

二 多管齐下提升专业化水平

这种"点单式"服务模式，是支教队多年探索得来的经验。2009年苍鹰支教队刚刚组建时，队员们怀着一腔热情去某敬老院开展志愿服务，没想到却被老人拒之门外："你们来搞志愿服务，还不如直接送油送米。"后来，他们向经验丰富的志愿服务团队请教才知，每逢节假日，这些老人都要做好"接待"志愿者的准备，有的老人一天要被洗好几次脚，有的老人一天要被剪好几次头发，倒不如冷下脸来图个清静。

于是，后来每每计划志愿服务活动，队员们都会特别注重了解服务对象的需求，对第一次接触的服务对象不仅事前开展调查，还要事后收集反馈，力争达成供需的平衡。

杨智伟说，支教队向着"专业化"迈进的脚步不止于此。他要求，团队成员必须全员注册成为"海南青年志愿者"并定期接受集中培训，团队骨干必须考取"社会工作者职业水平证书"，参与特殊教育支教活动的队员还要尽可能考取"教师资格证""心理咨询师资格证书""普通话水平测试等级证书"等。

"报考这些证书不仅没有挤占学习时间，还为我们走向社会打下了更坚实的基础。"文茜艳说。支教队的队员们都说，他们通过"助人"获得了"自助"，通过"乐人"实现了"乐己"。

三 悉心打开服务对象心扉

多年连续不断的支教服务，让志愿者与服务对象结下了深厚情谊。

杨智伟回忆，在儋州市东城镇的书村小学支教时，由于当地条件有限，队员们打着大通铺在水泥地上一睡就是十几天。校长很感动，硬是把自家养的鸡隔天一只杀了，煮好送来。离开前，队员们特地买了几只小鸡送回校长家："您帮我们养着，明年我们还来！"

那一刻，校长的泪水夺眶而出——在生源不断向城市集中的今天，一所又一所乡村学校渐渐被人遗忘、自然消失，支教的这声承诺给了他坚守乡村教育的力量。

2009 年到 2018 年，一个又一个散落在乡野田间的小学，就这样被支教队的脚步连成线、结成网。队员累计达 3000 余人的支教队，已经在十余个小学设立了志愿服务基地，定期定点向乡村学生、留守儿童、残疾儿童、农民工子弟等提供服务。

文茜艳说，通过耐心、悉心的沟通，就连起初反应过激甚至狂躁的自闭症儿童，都渐渐向队员们敞开了心扉。这些孩子，不擅长说感谢的话，只是每次都早早地在校门口等着，每次都远远地目送"哥哥""姐姐"离开，每次都千叮咛万嘱咐："下个星期，你们一定还来……"

坚持不懈，风雨无阻。杨智伟说，这只"苍鹰"不会停止翱翔，它要扇动有力的翅膀，把孩子们的梦想托向苍穹。

苍鹰支教队获奖回放

2011 年 12 月海南省唯一一个入选团中央"共青团关爱农民工子女行动优秀工作案例"的志愿服务团队

2014 年、2015 年分别获得海南省志愿服务项目大赛金、银奖

2015 年 12 月荣获第二届中国青年志愿服务项目大赛金奖

2016 年 12 月荣获第十一届中国青年志愿者评选优秀项目奖、优秀组织奖、优秀个人奖

（本文原刊载于 2018 年 5 月 4 日《海南日报》，

收入本书时略有改动。）

文 化 柱

许 蓉

　　走进海南大学北门，首先映入眼帘的是第三教学楼的钟楼，顺着钟楼往下看，有一组由石柱构成的建筑群，在高耸的钟楼衬托下，这组石柱建筑十分引人注目，那就是著名的文化柱。作为"全国文明校园"，海南大学校内优美的风景数不胜数，文化柱就是其中一道靓丽的风景线。每天清晨文化柱伴着朝阳前行，身影随着阳光转动，又伴着彩霞落下；夜夜蛙鸣里，这 12 根文化柱已经同海大度过了 15 个春秋。

　　2003 年，为了庆祝原海南大学建校二十周年校庆，12 根文化柱在众校友的期待下落成。然而一句简简单单的落成又怎么能概括其中的艰辛？对于建造文化柱的艰难历程，近期海南日报做了专门报道。

　　海南日报采访了亲历文化柱建设的时任海南大学副校长严庆教授。据严庆教授介绍，这 12 根文化柱，是 2003 年为纪念原海南大学建校二十周年校庆而落成的。

　　严教授回忆道，当时海南大学面向校内外招标，7 位校内外美术专家投稿，通过对投稿作品的不记名投票，最后，毕业于中央工艺美术学院（现清华美院）、到海大工作不到 2 年时间的年轻教师黄文智的设计作品中标。

项目已经定型，但是那时海大的经济状况不佳，尽管当时海南大学校友、海南中源有限公司总经理钟德辉为支持校庆捐了 50 万元，但这些资金还远远不够支持项目的完成。为此，主持工作的黄文智老师几乎是无偿贡献了这个设计并亲自监工完成。因当地没有适合的雕刻师，黄文智不远千里前去福建寻找优秀的雕刻师，为了保证雕刻的质量，他亲自前去福建督工并参与指导。参与工作的都是最好的雕刻师傅，品质也过硬，如果雕工不合格，这些雕刻的石柱表面恐怕早已开裂了。每一根文化柱，都是外面一圈 360 度环形空心雕刻，内嵌一根钢筋水泥石柱，工艺之精美、雕刻之细致，令人叹为观止。

经过紧张的雕刻，12 根文化柱终于完成。这时黄文智又舟车劳顿运回这些文化柱，为了节省人力开支，还请来自己的哥哥帮忙，兄弟二人不惧日晒雨淋，毫不间歇地指挥工人安装，赶在校庆活动开始前，将 12 根文化柱安装完成。

石柱上镌刻了历代名人如李光、朱熹、徐智、海瑞、王弘海、丘濬等对海南教育和发展的论述，品味之后，更觉寓意深远。

据介绍，当时为了征集文化柱的内容，校内也展开了不少讨论，为了契合海南大学的教育使命，决定用 12 根文化柱讲述海南的教育发展史，而所刻的史实皆由海南大学教授周伟民、唐玲玲夫妇搜集整理而成。

"这 12 根文化柱沿着历史的发展脉络，由南向北纵深，面向海南大学北门，雕刻记录了宋元明清以及近当代的教育大家对海南教育发展的论述，寓意继往开来，与中原文化一脉相承。"严教授解释说。

（以上内容出自 2018 年 4 月 16 日《海南日报》。）

文化柱一侧还躺着一块题记石，镌刻着时任海南大学党委书记赵康太撰写的题记，凝练了 12 根文化柱的内容：

　　大海极南，中函奇甸。始皇遥领，武帝立郡。自唐以降，宦商迁戍，纷纷日来，熏染过化，风气渐开。苏轼抵琼，居儋四年，以礼乐之教，变化人心，书声琅琅，弦歌四起。庆历四年，琼州始设府掌，诸英漕彦，读书者众。至明，中举者五百九十四人，中进士者亦六十有四。儒生文士，纷纷北仕中原。至清，琼台书院、东坡书院、雁峰书院等，已名重天下。弦诵之声相闻，礼仪之俗日新，衣冠礼乐彬彬然盛矣！明有丘濬、海瑞、唐胄、钟芳、王弘海等，清有谢宝、韩锦云等。海南之风丕变，鼎臣既出，有邹鲁之风矣。

　　然琼崖僻处海隅，去京师万余里，舟车不便，商贾稀疏，汉黎杂处，生民维艰。读书为学之难，举世罕见，阙馔办学于桄榔至畔，忍饥读书于遐裔之地，冒死求学于帆樯之间，"天下儒生之远而苦者，未有如琼州之甚者也"。若非如此，"青衿之秀，日以增盛"，岂非梦境？

　　今我海南大学诸学子，源自四海，聚首琼岛，期谨记贤者修身为学、接物处事之要述，弘扬前人忍饥读书、冒死求学之精神，明人伦、崇教本、言忠信，行笃进、正其谊、明其道，今之德业日新，异日必云霄振翮。此为我中华崛起之伟业所需也！

题记追溯海南教育文化历程，海南岛"始皇遥领，武帝立郡"。汉昭帝刘弗陵时将儋耳、珠崖两郡，合并为珠崖郡，虽立郡其却像是个无人看守的留守儿童。汉黎文化差异、岛人的排斥再加上珠崖郡民风彪悍，面对苛捐杂税，当地人民曾屡次聚众造反，与官府对抗，这让海南岛虽有立郡之名，而无管理之实。造反，镇压，再造反，如此反复，让朝廷身心疲惫，直至汉元帝放弃对海南岛的管辖。海南岛被弃管多年后至冼夫人时代，才重新回到"大家庭"，开始了"宦商迁戍，纷纷日来，熏染过化，风气渐开"的好日子。

"阚馔办学于桃榔至畔，忍饥读书于遐裔之地，冒死求学于帆樯之间，'天下儒生之远而苦者，未有如琼州之甚者也'"，相比自古以来"悬梁刺股""囊萤映雪"的刻苦学习，海南世风更有东坡先生桃榔树下办学，琼岛学子忍饥读书，进而冒死渡海北上求学的坚忍顽强。题记不仅歌颂前人的伟绩，更是借前人故事，鼓励海南大学的学子们不惧艰辛奋勇向前，期盼海南大学集日月之精华、山川河海之灵气，以大海的胸怀与气度，以渴求知识而坚忍不拔的刻苦精神，迎八面之风、采多元文化，促进海南大学精神文明崛起，海大之责，任重道远。

海瑞之《教约》为琼崖士子讲述了为人求学之道，文化柱上劲刻：

> 为学之序：博学之，审问之，慎思之，明辨之，笃行之。言忠信，行笃进，惩懥窒欲，迁善改过，修身之要；正其义不谋其利，明其道不计其功，处事之要；己所不欲，勿施于人，行有不得，反求诸己，接物之要。大概备矣，诸生率此而行，夫何学之不进。

"博学之，审问之，慎思之，明辨之，笃行之"取自《中庸》，这说的是为学的几个层次，或者说是几个递进的阶段。"博学之"意为学首先要广泛地猎取，培养充沛而旺盛的好奇心。好奇心丧失了，为学的欲望随之而消亡，博学遂为不可能之事。"博"还意味着博大和宽容。唯有博大和宽容，才能兼容并包，使为学具有世界眼光和开放胸襟，真正做到"海纳百川、有容乃大"。海南大学校训"海纳百川"，便激励莘莘学子为学好进，从而实现自己远大的理想。

文化柱所记丘濬之言：

> 魏晋以后，中原多故，衣冠之族，或宦或商，或迁或戍，纷纷日来，聚庐托处，熏染过化，几异而月或不同，世变风移，久假而客反为主，刷犷悍以仁柔，易介鳞而布缕，今则礼义之俗日新矣，弘诵之声相闻矣，衣冠礼乐彬彬然盛矣。北仕于中国而兴四方髦士相先矣，策民天府，到迹缙绅，其表表者，盖已冠冕佩玉，至于天子殿陛之间，行道以济时，而尧、舜其君民矣。孰云所谓奇者，顾在物而不在人哉！

诚如丘濬所言，"魏晋以后，中原多故，衣冠之族，或宦或商，或迁或戍，纷纷日来，聚庐托处"，海南人口与日俱增，值得注意的是，南宋灭亡后，避难的中原人氏纷纷来琼，当中不乏图谋恢复宋室的仁人志士。带着当地人原有的黎族文化，结合大陆移居人所带来的中原文化，海南岛渐渐开始儒化。礼仪文明的传播，百姓好学之心日重，海南岛开始改头换面。

除此之外，文化柱上还雕刻了孙中山先生巡视海南时所留《琼州改设行省理由书》节录，所选节录主要描写了海南岛的地理位置、人口以及商贸状况，称海南岛为"海疆之要区，南方之屏障也"。

12 根文化柱所言之语句句入心，还待海大学子仔细品味其中韵味。

海大图书馆的镇馆之宝：
《四库全书》

樊亚菲

文以载道，书以寄情。海南大学图书馆镇馆之宝之一的《四库全书》就承载了台胞吴乾华先生对海南大学学子的殷殷期盼之情。

吴乾华先生，字月亭，号坚生，1911 年出生于琼山县。父吴裕圣，以捕鱼为业，为人忠厚，热心公益，乐善好施，为地方称颂。吴乾华先生也继承了其父热心公益的精神品质，心系海南岛，一心为家乡做贡献，家乡食水不便，他就捐献水井。20 世纪30 年代日寇侵华而中断了他的开发计划，但他一直不忘故土。自海南建省办经济特区后，他回海南考察十多次，欲大展宏图，回报乡亲父老。他曾说："我对海南的发展前景，充满信心。"同时，他对海大学子的发展也充满信心。

吴乾华先生学识渊博，国学功底深厚，因此对知识的重要性了解深刻。1938 年，吴乾华入报馆充当新闻记者，报馆地址为海南书局。他在书局从业 6 年，阅读群书，学问由是精进，写有《环岛视察记》一篇，并有诗文、小说、散文等作品多种。1945

年 10 月台湾收复，1946 年他被邀赴台，任职彰化银行监理委员会，后调派高雄县税捐稽征处服务，负责处理积压之盗糖案，计约 500 件。他在 3 个月内不分日夜，处理清楚，迅速有效。处理盗糖案一事被台湾热带植物研究所代所长佘尚謇得知，于是佘在调到台糖后便推荐吴乾华为台糖屏东分公司土地课长，负责处理台糖与蔗农之土地纠纷。此时因台湾发生"二·二八"事件，吴乾华无意于公务员生涯而不就。

1953 年，吴乾华开始从事建筑业，初时是外行，在营造厂仅当监工及办理公共关系，因对此行渐感兴趣，就决心研读建筑学、力学、艺术学等。他边干边学，进步颇快，于 1956 年 5 月成立利华营造厂开始营业，先后承包台湾空库北部地区微波台、屏东机场、台南机场跑道、嘉义机场等工程，由此经济渐臻宏厚。1963 年起，又接连承办了逢甲学院教学大楼、商学馆、语文大楼、行政大楼以及图书馆工程，东海大学视听大厅，台中育乐中心工程等。由于施工精良，因而声望倍增，尤其是台中育乐中心工程，施工水平突出，为美国《生活》杂志刊介。

1974 年，吴乾华创立台中市吴氏宗亲会。为收集吴氏文献资料，他曾在 1978~1979 年出洋两次，由曼谷至吉隆坡、槟城、新加坡，逗留 3 个月有余，终于编辑出版《吴氏文献》第一辑，分赠各国宗亲，宣扬传统文化。吴乾华爱护海南文献，曾出版琼山籍解元曾对颜《还读我书室诗集》，分赠同好；他重视古今书画，现收藏名家书画 200 余幅；他还与李石曾先生合作编辑了《稚晖百联》书法集。

吴先生深谙古籍对国学研究的重要性。他认为："世界第一大书《四库全书》荟萃中国古籍精粹。"《四库全书》可以称为中华传统文化最丰富最完备的集成之作。《四库全书》全称《钦定四库全书》，是在乾隆皇帝的主持下，由纪昀等 360 多位高官、学者编撰，3800 多人抄写，耗时 13 年编成的丛书，分经、史、子、集四部，故名四库。共有 3500 多册书，7.9 万卷，3.6 万册，约 8 亿字。当年，乾隆皇帝命人手抄了 7 部《四库全书》，分送至紫禁城文渊阁、辽宁沈阳文溯阁、圆明园文源阁、河北承德文津阁、扬州文汇阁、镇江文宗阁和杭州文澜阁七处。然而，《四库全书》完成至今的两百年间，饱经沧桑，多份抄本在战火中被毁。如今《四库全书》只存 3 套半，其中文渊阁本原藏北京故宫，后经上海、南京转运至台湾，现藏台北故宫博物院（也是保存较为完好的一部）。文溯阁本 1922 年险些被卖给日本人，现藏甘肃省图书馆。文津阁本于 1950 年由政府下令调拨到中国国家图书馆，这是唯一一套原架原函原书保存的版本。而文澜阁本则藏于浙江省图书馆。因此台湾文渊阁本对于《四库全书》研究来说，其重要性是不言而喻的。

1994 年吴先生本着对家乡的爱与对国学的珍重之情向海南大学捐赠了一部价值 160 万新台币的台湾商务印书馆影印版的《四库全书》。大陆收藏的《四库全书》是三十二开铅印本，而台湾收藏的是十六开影印本。吴先生赠送的此套丛书正是文渊阁本，影印精美，校对精细。由于《四库全书》卷帙浩繁，弥足珍贵，在当时能够收藏全套丛书的图书馆寥寥无几。对于年轻的海南大学图书馆以及海南大学的莘莘学子来说，其无疑是一部举足轻重的文献材料，堪称"镇馆之宝"。正是因为有这套丛书作为基础，海南大学才能在《四库全书》研究方面有所突破，于 1993 年 12 月举办"中国首届《四库全书》学术研讨会"，并成立"海南大学《四库全书》研究中心"。在这次捐赠活动中还有一个小插曲，此版《四库全书》共有 1500 册，运送途中有两册有关药膳以及中医中药方面的书不慎丢失，老先生极为重视，令人在台湾高价加印此两册书送往海大。在赠书报告会时老先生讲道："我亲眼看到《四库全书》得到非常妥善之珍藏，摆上为之专门制作的书架，得以利用，甚感欣慰。"同年，老先生又捐赠了价值 16 万港币的精装《大英百科全书》（共 33 册）一套。不仅如此，1992 年，老先生还独资建造了海南大学东门。纸墨传情，正是这些书将老先生对海南的赤子之爱传递向海大学子。

吴乾华老先生是众多心系桑梓，倾囊资助海南大学的琼籍游子的典型代表，与吴老先生一样，为海南大学做出巨大贡献的还有许多位。

2006 年 5 月 26 日《海南日报》刊发卓兰花的《海大图书馆：有多少图书来自捐赠》一文，较为详细地报道了这方面的情况，全文如下：

> "海大图书馆馆藏起步阶段，馆里的图书大多数来自捐献。"海大图书馆馆长詹长智在他的办公室里对前来采访的记者这样说。
>
> 海大图书馆自建立以来，馆里不少有价值的图书都是靠社会各界人士捐赠而来。"书藏于私，不如藏于公。"在国内外，向大学图书馆捐赠图书，成了有识之士们的一种优良传统。
>
> **爱乡捐书蔚成风气**
>
> 海大图书馆一直是海内外乡亲关心支持的重点，在捐献图书的过程中，发生了不少感人至深的故事。
>
> 1984 年，美籍华人林汉生教授不辞辛苦，在美国发起为海大捐献图书的活动，征集到了 1.8 万册原版外文书籍给海大，价值 50 万美元。海大图书馆馆员清楚地记得，当年这批书籍整整装了一个集装箱，经海关验收后，于 1985 年才到达海大。
>
> 泰籍华人华侨是海大图书馆最为显目的一支"捐书队伍"。1985 年，泰籍华人林曙光先生首先向海大捐赠了 669 册图书。到了 1990 年代，海大为了扩大发展规模，筹建图

书馆一期馆舍。泰籍华人华侨知悉，纷纷慷慨解囊。

据统计，1985 年至目前，泰国 2 个乡团组织 32 名琼籍华侨华人总计为海大图书馆捐助资金和图书折合泰币高达 1702.12 万铢。这些泰国乡亲的名单包括陈修炳、郑有英、吴多禄、欧宗清、张光巍、林尤烈等。

近年来，许多海内外华侨华人都向海大图书馆捐资捐赠。美国侨界名人、美国国际合作委员会主席陈香梅女士向海大图书馆捐赠了一部分中英文书籍；新加坡海南同乡会乡亲连续多年捐资，资助海大图书馆购买图书；香港导师出版社向海大捐赠港台珍贵图书 4000 册，价值人民币 20 多万元；香港汉荣书局总经理石汉基先生"赠书报国"，向海大捐赠了相当价值的港台版书籍；2002 年香港方树堂基金会主席方润华博士捐资 80 万元建设树华电子智源中心……

在众多捐赠图书的人当中，台湾吴乾华老先生的捐书故事尤其感人。1994 年，他费尽周折，将精心选购的台湾版《四库全书》（1500 册）、《大英百科全书》（33 册），价值达 30 多万元人民币的书籍运到海大。海大图书馆工作人员加班加点清点图书册数，却发现《四库全书》少了两册书。

"这两册书我记得是关于药膳以及中医中药等方面内容的。"海大图书馆副研究馆员吉家凡回忆起当年的情景。

吴乾华老先生惊悉此事，立即让人在台湾专门加印缺失的两册书，其过程之烦琐连吴老都没想到，但是他非常重视，直到将这两册书送到海大图书馆，成为一套完整的《四库全书》才作罢。当年年届 90 高龄的吴老，其认真负责和心系家乡教育事业的赤子之心，感染了每一位工作人员。

师生捐书纸墨喷香

詹长智馆长说，在海大图书馆的捐书史册上，还应当铭记两个人的名字。他们是：最早捐书给海大的海大第一任党委书记林施均、海大第一任党委副书记李昌邦。1984 年，他们分别从西安交大和西北大学回到海南，为筹建海大倾注了大量心力。他们带回了 6000 多册图书捐献给海大图书馆。

2005 年 4 月至 11 月，为了迎接海大本科教学评估、丰富图书馆的馆藏资源，海大师生在全校范围内开展了捐书活动，图书馆共接受学校师生捐赠的图书达 24842 册。

师生们捐书热情高涨，现任图书馆馆长詹长智，带头向馆里捐献了 1100 多册图书。海大人文传播学院李鸿然教授向图书馆捐赠了两套他本人撰写的在文学界产生重要影响的著作《中国当代少数民族文学史论》；王琢教授利用在日本开展博士后研究期间节省的研究经费，购置了一套日文原版的《世界大百科事典》，价值 2 万多元人民币，填补了海大图书馆馆藏日文文献大型工具书的空白；海大旅游学院冯源教授将其近万元的工具书慷慨捐赠给海大图书馆，还个人出资购置了 100 多册实用工具书捐给海大；海大艺术学院原副院长张少侠捐了一套价值 7600 多元人民币的《世界绘画珍藏大系》；省政协原副主席、海大原副校长胡楷教授向海大图书馆捐献了 368 册珍藏多年的学术类著作……

"文化的白求恩"心系海大

在海大图书馆，加拿大友好人士谢威廉被亲切地称为"文化的白求恩"。谢威廉，出生在白求恩的家乡加拿大安大略省的外国人，热衷于为中国人民的文化教育事业奔波忙碌。"谢威廉每次从加拿大飞来海口，都少不了一个装有珍贵图书的大包裹。"詹长智说。

谢威廉在加拿大发动安大略省海南同乡会筹集图书，捐给海大图书馆。许多琼籍华人华侨得知是为家乡的大学捐书，都踊跃参与，不到半年的时间，就筹集到足以装满一个集装箱的图书。2005 年，谢威廉和安大略省海南同乡会捐给海大图书馆多达 22544 册原版外文图书，价值高达 400 万元人民币。海大图书馆为这批外文原版图书设立了专门书室。

据介绍，2005 年 4 月，教育部向海大图书馆捐赠了一套《中华再造善本》，多达 100 种，共 591 册，总价值约 19 万元。由陈俊霖副馆长为组长的小组成员，花了两天时间，逐册逐页进行了检查。海大图书馆馆员将《中华再造善本》称为"又一镇馆之宝"。

目前，海大图书馆已将所有受赠的图书编目上架，及时发挥了捐赠图书的作用。

有许许多多的人为海南大学图书馆做出了捐赠，正是这些人对教育的热心、对海南发展的关心之情，造就了如今海量藏书的海南大学图书馆，滋养了一代代海大人，推动了海南省一步步的发展！

少有人知的海大小故事

瞿　颖　胡功利

尹双增，1989～1997年担任海南大学校长，主持全面工作，致力于学科建设、拓宽和调整专业、提高教学质量与科研水平、改善招生结构及生源质量等工作。

李昌邦，1983年调至海南大学任党委副书记，兼任纪检书记、校工会主席。1997年被省政府聘为海南大学第一届理事会秘书长和第二届理事会副理事长兼秘书长。其间兼任海南省社会科学联合会第一届、第二届副主席，退休后被聘为省社科联顾问，担任海南关心下一代工作委员会副主任。

尹双增老校长和李昌邦老书记讲述了他们亲身经历的海大故事，校友所作《海大记忆》也有深刻详细记述。

一　图书馆

图书馆是一个学校的标志，是大学重要的文化阵地。据尹双增先生回忆，他在任时，海大办学十多年还没有专门的图书馆，原来的图书馆是教学楼的附楼。刚开始学校没钱建图书馆，省里由于经费紧张，也不拨款建馆。要建图书馆，首先要解决的是资金问题。没钱怎么办？尹老校长急了，放话给国内外社会各界：
"捐 50 万元，就可以在图书馆中挂名！"于是各路资金渐渐汇聚
而来，建馆资金就这样一点点凑起来了。经费筹集完毕，又面临
建馆位置的问题。尹老校长当时想，要将图书馆建在校门（当时
的校门是东门）里的中心位置，这样一进门就是图书馆。按照尹
老设想的方案，图书馆要坐落在湖边，在湖光叠影的地方，并且
通透明亮，图书馆内部要多综合、多类别、多内容，于是就选在
东坡湖畔建馆。

随后延请名家，宏扩蓝图，经过几年努力，图书馆大楼
落成。

但是，建好图书馆后，又有问题，省里再没钱买书和设备。
当时学校领导提出从海外侨领那里募集资金，李昌邦老先生带领
一些老师找泰国的华侨和中国香港地区的海南籍人员募捐，
1996~1997 年，两个地方一共捐款 700 多万元人民币，这些钱都
被用以添置图书和设施。海大为了感谢这些侨领，兑现了尹老校
长的承诺，用捐款者的名字给图书馆的各个厅命名，大厅就是捐
了 50 万元的，小厅就是捐了 30 万元的，比如现在可以看到的就
有以郑有英、欧冬青、陈修炳等人姓名命名的厅。海大图书馆
1997 年左右正式开馆，这也是海南省第一个大型图书馆。

很多海南华侨对海南土地和教育事业非常痴情，比如海大图
书馆的《四库全书》就是一位从事房地产的海南文昌台胞吴乾华
捐献的，吴老还专门去买了英文版的《大英百科全书》，亲自送
到学校。尹老校长与这位华侨关系甚密，在他临终之际还曾去台
湾看望他。

二　联谊馆

海南是我国的第三大侨乡，现在琼属华侨、侨胞与侨眷有

300 万人在外，遍布 50 多个国家和地区。海南人在海外常组建社团，有的叫海南会馆，有的叫海南商会，海内外设立的海南乡团有近 400 个。世界海南乡团联谊会由新加坡海南会馆于 1989 年 4 月 13 日倡议发起创办，并于同年在新加坡召开第一届世界海南乡团联谊大会。大会之后每两年开一届，各界人士都会参加，特别是企业家和发展比较好的人士。1991 年，第二届海南乡团联谊大会在泰国召开时决定，1993 年的第三届海南乡团联谊大会回家乡开，但海南当时没有条件办，没有一个合适的场所，也没有接待过 2000 人规模的代表团。

李昌邦老书记当时提出在海大建一个会馆开会，这样既可以节省买地的钱，也可以少操心会议的安排接待工作问题，而且会馆建在海大还可以供海大师生使用，利用率比较高。联谊馆建在海大不仅日常能承担体育馆职能，也可以举行海大重大的节日活动和海内外一些学界重要专家的报告讲座。

确认联谊馆建在海大后，尹双增老校长上报的总预算是 2500 万元，省财政厅不同意，卡掉了 1000 万元。纵有资金诸多困难，但箭在弦上不得不发，结果项目进行到一半，因为资金问题停工了。后来时任海南省委书记阮崇武到琼山县考察，顺势牵头宣传了华侨项目，也说明了当时的难处，希望各市县广伸援手。这个办法果然奏效了，没多久，琼山县委派人到学校要银行账号，支援联谊馆项目 1000 万元，项目得偿所愿，如期完成了。

至此，第三届海南乡团联谊大会终于能够在海大开幕。会议筹备期间，由于联谊馆结构设计合理，会场布置起来就比较方便，大会的整个布置和服务工作都由海大师生来做。

海大全体师生广泛参与到第三次海南乡团联谊大会的筹备和开展工作中，不仅是为了争取把会馆建在学校，从而变成海大的体育馆，而且大家认为海大跟琼侨有着千丝万缕的联系，所以有责任和义务参与到在海南召开的联谊大会工作中来。

会议当天，全校同学在校门口欢迎琼侨，场面非常热闹。这是琼属华侨们第一次回到自己的家乡开会，他们也获得了非凡的感受和体验。虽然他们住在外面，但在海大吃饭。考虑到吃饭是大问题，学校事先改造了第一食堂和第二食堂，使其能同时容纳2000人吃饭，也添了一些吃饭用的设备，并安排同学们错开吃饭时间。会议期间，大家都吃自助的海南菜，如文昌鸡、加积鸭、东山羊、和乐蟹等，各种小吃都是海南本地的。这些海南菜也很特别——文昌鸡全部是文昌县供应，加积鸭全部由琼海县供应，和乐蟹全部由万宁县供应，东山羊也由万宁县供应，基本上都是全省下面市县做好送过来的。这样既保留了原汁原味的海南风味，又解决了采购和烹饪的问题。当天海大的学生非常热情地为一些老年与会代表提供一对一服务，并帮助他们打菜。琼侨吃完之后很感动，既吃到正宗的家乡风味，又感受到了海大学子的热情。

另外，开会期间的联谊晚会也开得特别成功，光海大师生的节目就包括海南的琼剧、海南歌舞等多种形式，广受琼侨们好评。

三 泰坚楼

1986年，由黄坚、吴多泰、周成泰三位海南籍人士共捐资450万元，为海大合资兴建的一幢4000平方米的行政办公大楼落成。为纪念三位先生的突出贡献，这栋楼由三人的姓名中取一个字来命名，这就是今天矗立在海大校园的"泰坚楼"。

这三位先生来头不小，为海大发展做出了不可磨灭的贡献。

吴多泰先生生前为香港国际鸿星投资集团有限公司董事长，是广东省立勤勤大学土木工程学士，曾任香港中文大学联合书院校董、尖沙咀街坊福利会理事长、何文田街坊福利会会长、香港至德总会会长、世界至德总会名誉主席、香港地产商会会董、香港物业商会会董、港九各区街坊会协进会主席。他生前十分关心海南发展，多次慷慨解囊，捐资兴学，造福乡梓，曾获海南省"赤子楷模"荣誉称号。

周成泰先生曾先后任香港海南商会会长与名誉会长、香港爱华基金会主席、海南省政协委员等职。周成泰先生对祖国满腔热忱，对故乡一往情深。为表达对祖国的赤子之情，他另取名"周爱华"。20世纪70年代初，他在九龙西贡白沙湾建起一座爱华园，其后成为当地青少年陶冶情操的理想活动场所。他十分关心家乡的教育事业，在1983年海南大学创办之初，就热心发动海外乡亲为海南大学捐款，1990年捐赠港币17万元给海南大学开设电话总机室，1989年捐赠港币50万元给海口市宋庆龄儿童院。他身为海南省政协委员，积极为海南与海口的建设提合理化建议，出谋献策，对家乡的建设做出了很大贡献。1992年，周成泰先生被海南省人民政府授予"赤子楷模"荣誉称号。1994年11月，海口市人民政府授予他"海口市荣誉市民"称号。

黄坚（1904～1986），又名信道，海南省文昌县文城镇玉石村人。20岁赴上海国立暨南大学读书，投身爱国运动，加入中国共产主义青年团。1926年代表上海学生出席中华全国学生第八次代表大会。1927年大革命失败后返琼被捕，次年脱险后，即赴香港定居。抗日战争期间支持琼崖抗战，积极参与香港琼崖华侨联合总会的筹款活动，运送援琼物资，供给医学器材达4年。1941年秋，香港沦陷，他协助撤离滞留香港的数千名琼崖海员眷属，疏散到广州湾等地。抗日战争胜利后，重返香港，负责香港海南商会的重组工作。1949年以"大金沙号"轮北运石油往青岛，支援新生的中华人民共和国。新中国成立后主要从事国内外贸易，经营国货，先后创建香港福华、丰华布业等多家企业，并在美国和加拿大开设分公司。自20世纪60年代起，被推选为全国工商业联合会及广东省工商业联合会的香港代表。创办文昌树芳小学，多次资助文昌中学及华侨中学。1981 年为筹办海南大学，在香港同胞及海外侨胞中做了大量工作，多次亲赴东南亚及欧美各地宣传及筹措资金，成立海南大学基金会。同年 6 月，出任海南大学筹备委员会副主任，率先捐资 100 万元港币兴建海南大学"泰坚楼"，并以 4 个孩子的名义捐赠港币给海南大学作为黄坚奖学金。1946 年至 1986 年，一直担任香港海南商会理事长，曾任香港中华总商会荣誉常务会董、司库，港九矿产业商会会长，暨南大学校友会名誉会长，广东省第六届人民代表大会代表，中国人民政治协商会议广东省第四届委员会委员。

"泰坚楼"是海大在教学区建设比较早的楼房之一，它是海大早期的行政办公楼，因为有了"泰坚楼"，海大才告别了在住宅楼里办公和接待客人的历史。海南刚建省时，十万人才过海峡，住房非常紧张，那时许多来海大的教师就住在这栋楼里。所以，这栋办公楼曾经还扮演过临时招待所的角色，但时间不是很长。

随着学校的发展，过了一些年，北门内的田家炳楼建成，那里就被用作办公楼，行政部门搬到了那里，2007 年并校后，行政部门规模骤然扩大，于是就改建一号教学楼为办公楼。随后整个行政部门就在现在的行政楼办公。

田家炳楼现在是国际旅游学院的教学科研办公场地。

这里还有一则小故事：尹老校长当年在泰坚楼的办公室只有12 平方米，没有空调，只有一个吊扇，后来学校的财务处长看不下去了说，"校长您太热了"，才给尹老买了个小风扇。当年海大办公条件的艰苦可见一斑。

泰坚楼承载了一代海大行政部门的点点滴滴，经历了海大不同阶段的合合分分，见证了学校成长中的坎坎坷坷。自行政办公部门搬离起，泰坚楼由法学院、人文传播学院和外国语学院使用，现在仍有其他教学科研单位在使用。

四　起点草坪

1983 年，位于海口海甸岛上的海南大学是在海南师范专科学校、海南医学专科学校和海南农学院的基础上合并而成的，初设师范部、医学部、农学部。师生规模原计划 8000 人，到 20 世纪初，时任校长许祥源在全国高等教育大发展、各大学纷纷扩招的背景下，提出"创一流学科，办万人学府"的口号，扩大招生，人数随即突破了 12000 人。

随着人数的增加，用地紧张问题也相应出现，即使这样，学校领导仍然专门留下一块不做任何硬化设施的空地以供学生活动。即使现今海大师生近四万人，作为海大的标志性建筑——起点草坪，仍然作为师生思考讨论或休闲放松的场地得以存留，不得不说，这展现了海南大学对学生深层次发展的重视。在规划起点草坪的时候，学校领导希望可以留给学生一个仰望星空、接触自然的地方，大学生除了学习，应该有一个思考探索的环境，这就需要一块空旷的地方，之后的历届领导出于这个原因保留下了起点草坪。起点草坪建成后，2005 年教育部对海南大学进行本科教学评估的时候，相关专家领导也给予起点草坪很高的评价。

五　名家设计教学楼

在海大进入万人学府后，海南大学的校园文化建设也争取到一些国家的项目和政府的支持，例如作为国债项目的二号教学楼、政府拨款建设的三号教学楼。

三号教学楼由清华大学教授、中国工程院院士、著名建筑专家关肇邺主持设计，于 2002 年 8 月开始施工，2003 年 9 月建成

投入使用，总面积为 15460 平方米，共有 5 层，包括各类教室 57
间座位 5526 个，其中普通教室 38 间座位 2634 个，多媒体教室
19 间座位 2892 座。三号教学楼的建成，为师生的学习和交流提
供了一个广阔的平台。关先生作为我国著名建筑学家，其设计的
建筑有着独特的风格。

在三教设计初期，反传统的样式使得大多数人都很惊讶，因
为中国的建筑师讲究对称性，然而三教西重东轻，东边是个广
场，只有西边和南边有建筑物。但关先生指出建筑就像学识一
样，要敢于打破传统，而且三教也并非严格意义上的不对称，这
也算是推陈出新。三号教学楼又名综合教学楼，东临学校主干道
"致远北路"，西临"丘海湖"，周围种满了椰子、棕榈等各种树
木花草，为海大学子的学习营造了一个优雅、宁静、致远的氛
围。其内庭院更是充满了诗情画意，绿色植物一年四季郁郁葱
葱，有利于师生课间对眼耳疲劳的缓解，对教学和学习起了大大
的促进作用。美好的环境深受大家喜爱，由此，也营造了浓浓的
学习和学术氛围。周边及庭院环境优美、教室布局合理，是同学
们上课以及上自习的最佳选择点，高大明朗的钟塔更是海大独一
无二的标志，一进海南大学的北门便能一眼看到它高高矗立的塔
尖，是海南大学一道优美的风景线！

后来关肇邺院士还设计了四号教学楼，现今四教与三教及北
大门相互辉映，构成校园北区建筑新亮点。

此外，海大的建设和发展得到了党和国家领导人的支持与重
视，海南大学校名即由胡耀邦同志亲笔题写。

思源学堂

陈倩倩　　岑光珍

　　海南大学的思源学堂作为海南大学学生的活动中心，是全校学生文化素质教育和创新创业教育的主要场所。你知道思源学堂背后的故事吗？

　　这个故事要从一笔1000万元的捐款说起。21世纪初，全国的"211工程"最后一批就要关门了，海南没有一所大学可以进入。海南大学理事会想要协助海大进"211"，李昌邦老书记和教育厅的符鸿合厅长都清楚最大的问题是海大没有博士点，学科建设差。理事会建立以后，做了工作安排，准备请海外侨领们捐科研建设经费1000万元，支持海南大学建设五个重点学科，每个学科支持200万元。学校希望五个重点学科能申请到博士点。这个建议得到海外侨领的大力支持，一个马来西亚侨团表示可以负责一个重点学科，捐出200万元。李昌邦和邢李㷧先生见面时，谈到海南大学要建博士点需要资金支持，邢李㷧二话不说表示一个人负责五个博士站点的建设，直接捐出1000万元。要说邢李㷧绝对是一位大佬，生于香港，是当时香港思捷环球主席兼行政总裁，很多人不知道的是，他就是那个用专一和真诚打动了著名影星林青霞，让她甘愿抛下演艺圈五光十色的生活、隐退当平凡人的男人。不仅如此，海南十多所思源学校都是他捐款与政府一起建立的。

这笔1000万元的捐款，由于种种原因，当时只花了300万元。那么问题来了，剩下的700万元怎么办？那时华南热带农业大学与海南大学合并了，并校后财务囊中羞涩，有人提议把这700万元补充给学校，作为行政经费来支出。作为理事会成员的李昌邦老书记和省教育厅符鸿合厅长一听就不乐意了，人家邢李㷧先生的1000万元明确说是搞学科建设的，拿来做别的事情不合适，回头人家问起无法回答。李昌邦跟当时海大党委黄国泰书记是老熟人，就跟黄书记说这笔钱建议冻结，不准花，到底怎么花，报省里研究。黄国泰书记也同意了。之后理事会和学校针对这笔钱怎么花的问题分别提了四个方案，三个方案主张设立奖学金，剩下一个就是理事会提出的建思源学堂，当时并不叫思源学堂，只是想建一个高端的大学生课外活动中心。

为什么提出建立思源学堂呢？老书记李昌邦说了以下两个原因。第一，邢李㷧先生给海大捐款最多，他对海南的教育发展有非常大的贡献，很多承担基础教育的思源学校都是他捐钱与政府一起建的，为了回馈邢李㷧的捐赠，想为先生在海大留下一座标志性建筑。而发奖学金，钱发了，能留住的东西不多。第二，俗话说"再苦不能苦孩子，再穷不能穷教育"，李昌邦老书记长期搞学生工作，特别关注学生的课外活动，他在任的时候，建了几十间房间作为学生社团活动的场地，但比较简陋。那时候他就想搞一个好一点的、功能比较齐全的、在高校里面比较先进的大学生课外活动中心。这两个想法不但不矛盾，还可以完美地融合，岂不是很好。

虽是这样想，但钱毕竟是人家捐的，选择哪个方案还得捐赠人说了算，于是四个方案被送到邢李㷧那里。巧的是，他和李昌邦老书记"心有灵犀"，也很喜欢建设思源学堂这个项目。选定了方案，邢李㷧先生把李昌邦和符厅长都喊来，马上谈这个事，问李先生需要多少钱，700万元肯定不够。李昌邦老书记是个情商高的人，知道人家已经为海大建设捐了不少钱，不敢狮子大开口，就保守地说，要1500万元，剩下的学校配套。之前还剩700万元，需再捐800万元。邢李㷧先生是个爽快人，二话不说就答应了，然后又跟符厅长说自己"档期"很满，没时间处理这些事，就委托符厅长代表他，有什么事找符厅长。

得到了邢李㷧的肯定，李昌邦也很激动，回到学校立马汇报了这件事，并立即组织了筹建小组。说干就干，黄国泰书记担任这个项目的组长，符厅长受邢李㷧委托来管这个事，李昌邦代表理事会去监督。

邢李㷧先生本人对这个事也比较满意，觉得剩下的700万元，理事会不乱花，搞这个项目还征求了自己的意见，对自己非常尊重。后来筹建小组正式委托华南理工大学设计这个项目，征得大家同意，把建好的大学生课外活动中心取名叫思源学堂，并请邢李㷧题字。他不肯，就让符厅长题，所以今天思源学堂门前的四个字是符厅长的字。思源学堂建好后，邢李㷧先生带着他的夫人林青霞过来参观，表示相当满意。于是，思源学堂就这么建成了。思源学堂这个项目极好地体现了捐款的作用，合理使用捐款，不能只考虑学校，把钱拿过来就完事了，还要照顾到捐款人、尊重捐款人。

今天的思源学堂有报告厅、展厅、舞厅以及社团活动室、办公室等，其中报告厅可同时容纳1000多人就席，为海大学子提供了条件良好、功能完备的课外活动场所。许多重要的会议、典礼、晚会也都在此举行。饮水思源，今天能在思源学堂参加活动的海大学子，都应感激当年为思源学堂建设出钱出力的老一辈。

东 坡 湖

胡功利

　　现今的海南大学坐落于海南省海口市海甸岛上，是在原海南大学基础上发展而来的，在老海大 1983 年创建之初，现在海大所在的海甸岛，除了一小片陆地之外，其余都是浅海滩涂。由于广东水产学校要搬回广东，现海南大学的前身之一，当时位于儋州的华南热带作物学院就曾打算过要搬到海甸岛。

　　海甸岛是南渡江长期洪潮冲积，在南渡江入海口形成的一块浦滩之地，地势低洼。1983 年老海大要创立，就打算采用填海的方式建校。当时填海造陆十分火热，海口动员了很多企业机关，甚至中小学校都参与进来，现在从海大中门向西到世纪大桥，那一片地都是当时填海喷砂造出来的。东坡湖周边的土地，则是 20 世纪 70 年代"文化大革命"时期填出来的，未能填完的水面，后来在海南大学 1983 年建校时，便以文学大家苏东坡的名字命名为东坡湖。

　　曾任海南大学党委常委、副校长的严庆是在 1999 年来到海大的。严校长说自己早就是海大人，在 1983 年就兼任了海大团委书记，他到任之时，时任党委书记兼校长是从清华大学调来的许祥源同志。许祥源在党委会上就提出"办一流学科，创万人学府"的口号。在 1999 年时海大有 6000 多名学生，那时制定的在校学生规模是 8000 人。许校长提出办万人学府之时，适逢改革开放后国家发展需要大量人才，全国高校也要扩招。虽然国家当时在资金方面有困难，但许校长提出办万人学府后，海大人依旧齐心协力，争创一流学科，力办万人学府。当时海大连续几年每年扩招 1000 人，在 20 世纪初就很快地实现了万人学府的目标，到 2003 年达到 12000 人。

人数的增加也带来了住宿紧张、教学设施不足、师生活动用地缺乏等一系列问题。当时的学术交流中心经常有国内外专家学者来，专家们从东门进来，却不能直接到学术交流中心，要先左拐顺着东坡湖，绕过图书馆才能到住地。考虑到东坡湖占地面积大，十分不方便，于是就计划在右边再修一条路，这样就再次开始填东坡湖。当时的设计很完美，计划从学术交流中心填一段，然后再架桥过去，这样既符合实用需求，也有一定的美感。但是由于修桥需要大笔资金，迫于无奈只好填湖造路，当时是权宜之计，海大、热农大合并后为了扩展地皮，又填了一部分扩展为人行道，所以现在东坡湖只有 180 亩左右。

早期东坡湖大致成型后，就面临污染问题。其实东坡湖最初是通海的，而且在现在填为陆地的地方有地下活水涌出，即所谓泉眼，海水涨落，加上泉水涌出，所以污染并不算很严重。但后来大面积填湖，并且堵塞了泉眼，使得其交互作用消失，排污能力也就减弱，导致水质变差。20 世纪 80 年代海大初创的时候，在东坡湖南侧、东侧修了一个很大的排污坡，连接海淀溪，周边居民区生活污水可以直奔现在世纪大桥那一段，排入琼州海峡。后来由于排污系统破损严重，东坡湖周围居民区的生活污水倒灌进湖内，水质日益恶化，虽然东坡湖一直在整治，但只是从水质上来治理，却没有从根本上解决排污问题。

为了解决东坡湖污染的问题，当时参考了清华大学的例子。

清华大学原来也有一条污染很严重的河流，治理它的方式是恢复原生态。毕业于北京林业大学的北京大学著名教授俞孔坚提出不能光靠人工治理，还得恢复它的原生态，要种植很多水本植物，因为水本植物能清污。

当时恰逢教育部对海大本科进行评估，为了达到省里对海大提出的优秀标准的要求，东坡湖的治理就显得十分重要。老书记林亚珉虽然已经退休了，但还很关心老单位，经常回校查看海大发展状况，针对东坡湖治理问题，他向当时主管后勤工作的现任副校长梁谋谈到红树林有过滤有机物、污染物及净化水质的作用，提议种植红树林来恢复东坡湖的生态。林书记的建议在后来取得了显著的成效，这也就是红树林落户海大的缘起。当时严校长与梁谋经过讨论分析，决定试验一下。于是在老书记的推荐下联系上了红树林保护站的陈站长。

虽然提出了种植红树林的设想，但是红树林的种植对水土要求很高，能不能种红树林，关键还在于含盐度。东寨港国家级自然保护区管理局专家曾专程到海大东坡湖进行调研，得出的结论是，湖中土壤是典型的酸性土壤，含硫量高，水质和土壤非常适合红树林的生长。并且东坡湖是通海的，按照红树林的生长要求，只要含盐度达到18%就可以种植，恰好东坡湖的含盐度是23%，所以就开展了红树林的种植工作。于是红树林自然保护站提供了海桑、红海榄、木榄、海莲等五个品种，在后勤集团的努力下，红树林的成活率很高。在种植树苗的过程中，海南大学并没有把湖里的水草、芦苇等清除掉，而是作为红树林的伴生植物，芦苇、水草使得湖水氨氮含量低，促进了红树林的生长。海南大学东坡湖红树林的成功种植还将红树林推广到了万绿园西海岸。由此可见把红树林请进海南大学的决定是科学的。

红树林种活之后，谁也没想到会面临一个尴尬的局面：自然保护站来要苗钱，当时的海大资金不足，竟然连这笔苗钱也难以拿出。戏剧性的结局是，后勤集团偶然了解到国家对红树林的保护已经提上议事日程，其中有一个条例提出鼓励大家去种，红树林存活率到80%以上有一定奖励，由于东坡湖种植的红树林存活率达85%，于是就这样用奖励抵扣了苗钱。这个结局可以说是既出乎意料，又喜出望外。

2005年海大拨出专款资金60多万元，通过实施机械清淤、排污通流、生态修复三大工程，以图彻底改善水质。从2006年开始，由海南大学校领导牵头，学校后勤集团和东寨港国家级自然保护区管理局取得联系，在有关专家的帮助下，海大分三批陆续从东寨港引进了4000株海桑、红海榄、木榄、海莲等品种的红树林树苗。

现在在海南大学东坡湖畔可以看到一些叶片肥厚如涂蜡、根系发达的小树苗在湖水中茁壮成长，这些树苗多是红树林中的特色树种——海桑和红海榄。很多小树苗虽然只有两三岁的娃娃一般高，可树根却已经长出四五个分杈，算是在海大东坡湖"落地生根"了。每年入秋后，在海南大学东坡湖畔，长势良好的红树林会吸引不少鹭鸟飞来栖息、觅食、繁衍，现在发展到有鸟类常年栖息于此。

对东坡湖，海大人充满了热情与呵护，尹双增老校长这样形容这个地方："东坡湖是我心里的一朵花。"为了更好地使东坡湖成为海大的名片，当时尝试了很多做法，光是关于东坡湖形象的专题会议就开过不少，海大内部的分歧也不少。尹老校长个人主张将东坡湖通海，后来更是把图书馆建在了东坡湖西岸。

当时有人想利用海大的土地搞发展，特别是东坡湖周围，尹老校长坚决不同意，但老校长只手擎天无力，东坡湖边后来还是出现了一些娱乐餐饮设施，有各种花式演出，好不热闹。再后来还有人想在东坡湖旁建一些酒店，尹校长坚决不同意这些"花花绿绿的东西"入驻，誓言"寸土不让"，保住了校园的清正，为此挨了不少人的埋怨。

东坡湖重焕生机,红树林蓬勃生长,使得东坡湖不仅成为海大,也成为海口市独特的一景。东坡湖不光为学生和老师提供了一个读书思考、学习讨论、休闲散步的好地方,也为社会做出了不小的贡献,东坡湖周围实际上成了一个开放的公园,吸引了不少附近的居民和游客来东坡湖赏景散心。

木球进海大

卢 娜

　　20世纪90年代木球进入海大之时，海大师生对木球一无所知，而如今木球运动已经成为很多学生校园生活的一部分，其间发展经历了二十几年的风雨，几代海大人见证了它的成长。海大的木球队也为国家队源源不断地输送了很多人才，代表着国家在国际球场驰骋多年，取得了很不错的成绩。那么，木球是怎么在海大"扎根"的呢？

一　刚刚踏进校门的木球

　　台湾实业家翁明辉是木球运动的创始人，被称为"木球之父"。他发明木球并倾注全部心力和财力，将其推广至世界，让木球运动成为国际赛事，成为全民运动，成为一项由华人创造并享有国际影响力的运动项目。

　　1997年5月初，时任校长许祥源教授亲切会见了台北木球协会理事长翁明辉先生和秘书长张天福先生，自此打下了木球在海大生长的根基。

　　翁先生一行专程来海大宣传、推广木球，在双方热情恳切的交流之后，两岸同胞间因木球而结下了更深的情谊。

此后，木球就正式踏入海大的校园了。

翁先生为了能让海大顺利地展开木球运动，几乎每年都会从台湾过来，海大为此还授予他"支持海南大学体育发展贡献奖"的称号。

自 1998 年秋起，木球课就正式进入海大人的视野，被列为海大体育课选项之一。

但那时的师生对木球这个新兴的体育项目一无所知。木球是什么？如何握杆？怎样击球？有什么规则？这些问题都摆在授课老师面前，只能自己先从基础的学起来，再一点一点、手把手地传授给学生。

1998 年至今一步步走来，木球已然成为海南大学体育特色亮点课程之一。

二 "金桥市球场"的诞生与变迁

为了让学生们能够更好地接触木球、了解木球、热爱木球，1999 年春海大批准了修建木球活动专用场地以供木球教学活动使用。这个占地近 10 亩，铺种地毯草皮且有着 12 个球道总长度 720 米的球场，被吴坤芬教授命名为"金桥木球场"。

当年 12 月 11 日，海大"金桥木球场"揭牌。校领导许祥源、谭世贵、钱倚剑，省体育局局长王长有，台北木球协会理事长翁明辉及夫人，台北木球协会秘书长、台湾大专院校木球委员会总干事张添福等参加了揭牌仪式。校党委书记、校长许祥源教授在致辞中指出，金桥木球场的启用预示着木球运动将在海南大学及海南地区蓬勃兴起。他祝愿通过木球这座"金桥"积极促进祖国两大宝岛之间体育、文化、教育等各个领域的交流合作，增进友谊，共同进步。

揭牌仪式后，翁明辉先生邀请许祥源校长、谭世贵副校长、钱倚剑副校长等与会人员入场挥杆。这是木球运动在海南首次公开亮相。

后来出于校园规划的需要，又将木球场在原有的基础上重新进行了搬迁改造，木球场才得以沿用至今。

三 海大木球队应运而生

自"金桥木球场"建立以来，木球便在海大不断发光发热。不仅在 2000 年成功举办了"海大杯"木球邀请赛，而且每年还承接不少友谊赛、公开赛，承载着海内外木球爱好者的情谊和美好回忆。

海大作为较早开展木球教学的高等院校，为了能更好地宣传木球、培养一批高素质的木球运动员，创建了一支"木球队"，每年在大一大二的木球选修课中挑选表现优异的学生加入木球队。球队每年精心培养成员、帮助指导学生课余训练，在许多比赛中取得了瞩目的成绩。

海大木球队在中国木球锦标赛中蝉联六次个人赛冠军，多次取得团体赛冠军，以海大师生为主力的中国木球队多次代表国家参加木球世界杯、亚洲杯、亚洲沙滩运动会等国际比赛并取得优异成绩。其中，自第三届亚洲杯开始，连续七届都有海大师生站在领奖台上。2 次代表国家参加世界杯木球锦标赛。自 2010 年开始，连续四届的亚洲沙滩运动会，海大师生分别在阿曼、中国、泰国、越南赛场上，取得了傲人的成绩。

这样一支入选国家队人数最多时超过十人且代表国家驰骋国际赛场十几年的队伍，曾受到亚奥理事会终身名誉主席公开表扬。国家体育总局为奖励海大为木球运动做出的贡献，不仅多次来函表扬而且于 2014 年 11 月给海大颁发了"全球木球项目推广贡献奖"。

在以弘扬"健康、快乐、团结、拼搏"的运动精神为主题的运动环境里，木球为很多学生提供了挖掘潜力和机会的可能，木球队也一直以此为目标不断地发展和进步。

木球进入海大风风雨雨走过了二十余年，发展至今已经处于全国领先水准，这些都离不开学校长期以来的支持和球队师生的不懈努力。

植胶禁区?

许 蓉

一 中国是"植胶禁区"?

新中国成立后，国家经济建设处于恢复时期，百废待举，民用工业、国防工业都急需大量天然橡胶。但是，新兴的中国并没有得到西方各国的友好关爱，它们反而对我国公然实行全面经济封锁和禁运，天然橡胶作为重要战略物资，是它们禁运的重点。在这一历史背景下，中共中央果断做出"一定要建立我国自己的橡胶生产基地"的战略决策。

橡胶树属于热带雨林植物，对地理环境、土壤、气候、湿度等自然条件要求极严。国际权威人士通常认为："橡胶树只能在界线分明的热带地区——大约是赤道南或北10度以内，超越这一地区，则是禁区。"

世界上天然橡胶主要生产国，大多集中在赤道以南10度到赤道以北15度之间的热带雨林地区，其中有马来西亚、印度尼西亚、泰国、印度、斯里兰卡等国。我国除西沙、南沙群岛外，都位于北纬18度以北，雨量、气温、纬度等植胶条件均远远差于上述国家。许多国际专家历来把中国划为"植胶禁区"。

如此看来，我国不但缺失了先天种植橡胶的地理条件，还丢失了后天进口橡胶的国际条件，但种种阻挠只会更加坚定中国人民攻坚克难的决心。

二　总理指示，下达任务，建立"两院"

我国天然橡胶种植始于 1904 年。当时，被孙中山先生誉为"边寨伟男"的民主革命志士、云南土司刀安仁先生，从海外购买了 8000 多株巴西三叶橡胶树苗，历经千辛万苦运到云南种植，建起了我国第一个橡胶园。两年后，海南岛爱国华侨何麟书先生，从马来西亚引进 4000 粒橡胶种子，种植在海南琼海、儋州一带。后来，有些爱国华侨，也曾在广东部分地区零星种植了一些橡胶树，但数量很少。到 1949 年，历经 45 个春秋惨淡经营，先后仅种植天然橡胶 42 万亩，年产干胶不过 200 吨。

橡胶树苛刻的生长环境需求多次打击种植者和研究者的信心，成活率极低，即使成功种活橡胶，产量也不尽如人意。到了 1950 年 10 月，抗美援朝战争爆发，我国天然橡胶供求关系更趋紧张。前方飞机、大炮、汽车以及军用胶鞋急需天然橡胶，后方物资运输、医疗卫生及工农业生产也急需天然橡胶，到处都向中央伸手要天然橡胶，当时天然橡胶像金子一样贵重。这时，我国自主种植橡胶树的愿望越发强烈，党和国家对生物学家的期望更加迫切了。

战争结束后，基于各种政治原因，苏联领导人斯大林首次提出愿意支持我国种植橡胶树，经过会谈，双方签订了《关于苏联援助中国种植和割制橡胶的协定》，苏联准备贷款帮助我国发展天然橡胶，并派专家参加这一工作，橡胶树一旦种植成功，中国就能脱离橡胶危机，也能为苏联提供橡胶资源。

周恩来总理对橡胶种植高度重视，通过《关于扩大培植橡胶树的决定》，对华南广东、广西、云南、福建、四川等地的气温、雨量及其他条件进行分析研究后，要求这些地方"应大力培植天然橡胶"，"迅速动员本地可动员的农林院校学生、教授组成调查队分别对本省区境内适宜种橡胶的地区进行调查，保护现有的橡胶母树，确保种苗来源"。在国家的号召和决策政策支持下，在周恩来总理的直接关怀下，华南热带作物科学研究所应运而生，而后发展成为华南热带作物科学研究院和华南热带作物学院，即所谓"两院"，再后来经过合并重建后成了现如今的海南大学。

三　华南热带作物科学研究所负重而行

在如上所述的十分特殊的形势下，为了解决种植和加工橡胶的科学技术问题，中央决定组建橡胶研究所。为了对外保密，1953 年筹建时叫特种林业研究所，1954 年 3 月正式成立时定名为华南热带林业科学研究所，而后又改名为"华南热带作物科学研究所"。"热作两院"迁建在离海口 140 多公里、离儋县县城 10 多公里的荒山野岭，没有社会服务依托，创建初期的一切生活和工作的服务设施都得靠自己从零开始进行建设。"两院"人为创造这些生活和工作条件发扬了自力更生、艰苦奋斗的精神，他们面临并解决了以下几个基本的生存问题：

1. 建水电设施。

2. 建副食品生产基地。

3. 办医院以及幼儿园和中小学，为职工医疗，子女入托、入学提供相关机构条件。

4. 成立基建队，同时建石灰厂和砖厂，兴建宿舍平房；

科研教学大楼则交由海南建筑公司负责兴建。

5. 建立商业服务机构。

6. 成立汽车运输队。

7. 设立公安保卫机构。

8. 在海口、湛江、广州设立办事处，负责物资采购，解决来往的"两院"人员食宿等问题。

9. 请儋县有关管理部门在宝岛新村设邮局、银行、书店、粮站网点。

仅从上述问题和困难的简单罗列，我们就可以想象当年创业之初的艰难困苦。

在建设试验基地的同时，科学试验工作也陆续开展。想不到的是，此时全国性的饥荒正向人们逼来。海南岛历来粮食和副食品是不能自给的，因而必须依靠中央政府调拨。在全国各地均处于供应紧张、内陆地区自身难保的时候，哪有可能向海南提供粮食和副食品呢？广大研究人员和职工不得不自给自足，有时实在供应不上，就拿发了霉的番薯干做早午餐。在这样困难的条件下，大家仍然按计划坚持开展科研工作；大家都一样，在生产队的食堂就餐，没有也不可能有任何特殊照顾。就在这样的困境中，彭光钦教授、许成文教授、林禾生教授领导大家，先后布置了橡胶树生物学习性研究及橡胶树种植形式密度试验、胶园覆盖作物试验、胶园综合速生栽培试验等项目，并取得丰硕成果。

1960年2月9日，周恩来总理来"两院"视察，了解到"两院"人与困难做斗争的精神面貌后很受感动，动情地写了"儋州立业　宝岛生根"的光辉题字，以鼓励和鞭策"两院"。后来"两院"用大块牌子誊写放大周总理题字，并挂在研究院主楼二楼外墙，成为"两院"的座右铭。

四 "植胶"征程

(一)橡胶树北移大规模攻坚战

植胶伊始,就由中国科学院有关学科和各省农垦局配合华南热带作物科学研究所和华南垦殖局各有关垦殖场,通力合作,展开了一场橡胶树北移的大规模攻坚战,可以说这场攻坚战的过程,就是和寒、风、旱三大天敌斗争的过程。研究所的主要对策是:驯化育种、选地试种和尝试采取各种农业技术措施。

通过反复实践,研究所从对橡胶的生理生化过程的研究中,掌握了北移的基本规律:

1. 橡胶树抗寒力与其寒前生长强度呈反相关,植株在寒前不能结束生产的易遭寒害;

2. 植株受寒害的另一个主要内部因子,是在同一环境、同一生长状态下,植株内部的生化过程及抗寒物质的累积有着很大的差异。

彭光钦教授认为,掌握了规律,就掌握了这场攻坚战的主动权。橡胶树的北移栽培,必须纠正盲目追求生长量和过度抚育或基本上放弃抚育两个偏向;还要适当地采取农业技术措施,通过代谢作用,促使橡胶幼苗树在前半生长期充分发育生长,在后半生长期及时结束生长,使枝条充分成熟和木质化。

此外,根据寒害程度因气象、地形、地势、植被、植株内部生化情况和农业措施不同而不同的一般规律(例如生长在倚山靠林近水地方、南坡、中坡、陡坡地植株受寒轻,在低洼处、盆地中、风口、上坡受害较重),应当在北纬 24 度以南非寒流主要途径地区选地试种,并逐步加以扩大,这是解决北移问题快捷可靠的方法之一。

（二）橡胶树生物学习性研究

进行橡胶树生物学习性研究，其目的是为速生丰产的橡胶树栽培技术措施的研制提供科学理论依据。在许成文教授的亲自主持下，研究人员逐步地开展了从幼苗到幼树和成龄树的根系研究。研究方法是静态和动态相结合，如静态的水平和垂直剖视的方法，动态的根盒法、根窖法等。其中，最辛苦的莫过于根窖的观测——每天必须 2 次钻入窖内，又不能曝光，只能用手电照明；在高温多雨、闷热的天气，观察一次就要出一身汗，而且要天天坚持，长达 2 年之久。

经过辛勤的劳动，根系研究告一段落，研究所做了橡胶树根系研究 1959~1963 年工作总结，终于获得了收获，而且得到了国家科学技术委员会的肯定，还出版了专集（档案号：005577，中华人民共和国科学技术委员会 1965 年 7 月 16 日登记）。

时至今日，我们重新翻开这本多年前由国家科学技术委员会印制的专题报告，可看到，在它的摘要中写明：

      1. 橡胶树根系的形态特征；

      2. 根系的生长习性；

      3. 根系的生命力；

      4. 根系水平和垂直分布的规律；

      5. 根系生长与地上部分的关系；

      6. 根系生长与环境条件和农业技术措施的关系。

这本专题报告为栽培技术措施的研究制订，提供了有力的科学依据，迄今仍然有指导借鉴意义。

（三）揭示胶园生态系统林下天然植被的演替规律

1963 年，由许成文教授主持，并邀请华南植物所的陈少卿和海南植物园钟义先生等植物分类专家参与，不辞辛劳，在海南、广东、广西各垦区，进行了林下植被的样方调查。

地处我国南亚热带的橡胶种植园中，经调查收集的植物种类多达 1034 种，分属 154 科 571 属。按生产管理的需要，划分为以下 9 种主要类型：（1）阳性杂灌木群丛；（2）山黄麻为主群丛；（3）白茅群落；（4）飞机草群落；（5）阳性禾草群丛；（6）香附子群丛；（7）硬骨草群丛；（8）耐荫性禾草群丛；（9）岗松、芒萁群落。

由于橡胶树是多年生的林木，随着树龄的增长，胶园内光照量会逐渐减少，林内小气候环境也会随之而起一定变化，因此，胶园内的杂草群落类型都是不稳定的，具有过渡性。针对这一情况，研究所提出了不同类型的调控措施。

以上只是"植胶"艰难复杂过程的简单叙述，并没有全面深刻地反映出整个过程的繁杂与困难，事实上"植胶"的征程越向前，不同程度的问题越是接踵而来，但是广大科研人员和工人无所畏惧，在伟大而光荣的时代使命激励下，在对国家和民族承担了历史责任的激励下，一一接受这些挑战，不断攻克各种困难，无论是基础设施问题还是知识性问题，他们都能找到解决方案，为后人打下了良好的基础。

五 从"两院"人到海大人

一代又一代"两院"人在极其艰苦的环境和条件下，以深厚的爱国情怀、严谨的治学态度和无私的奉献精神，冲破了国际上认定的北纬 15 度以北不能种植橡胶的"植胶禁区"，创造了北纬 18~24 度地区大面积种植橡胶的神话，使我国成为世界上唯一在纬度较北范围内大面积种植橡胶成功的国家，并由原来的植胶空白国，奇迹般地崛起为世界第五大产胶国，奠定了研究所在橡胶和热带农业研究领域独一无二的地位，获得了包括国家发明一等奖、国家科技进步奖一等奖和国家级教学成果二等奖在内的 900 多项科教成果，为我国国防事业、为热带地区和海南经济社会发展做出了重大贡献。这时，华南热带作物科学研究所和华南热带作物学院也已经改为中国热带农业科学院和华南热带农业大学。

2004 年，为了加快海南省高等教育及海南经济社会发展，建设海南省自己的"211 工程"大学，海南省向教育部申报省部共建一所大学，而教育部则建议海南省先进行省内高等教育资源整合。同样拥有高质量教学资源的华南热带农业大学和原海南大学被纳入整合范围内。

2005 年省教育厅委托中国（海南）体制改革研究院成立"整合高教资源、创建高水平大学"课题组，就整合省内高教资源、创建"211 工程"高校等问题进行了专题调研论证。课题组在广泛调研论证的基础上，形成了《整合高教资源、创建"双高基地"，建设"211 工程"大学——建设海南省属国家级高水平大学的建议》。

经过三年的准备，2007 年 8 月 29 日下午，两校合并筹备工作领导小组召开华南热带农业大学与原海南大学两校党政联合工作机构和各教学单位及教辅机构的全体副处级以上干部会议，宣布成立新的海南大学并安排组织工作，新的海南大学的机关、教学、教辅机构的框架已经搭就，筹备工作至此基本完成。

新的海南大学建成，新的时代来临，而有关种植橡胶树的研究从未结束，在新时代新科技的背景下，我们拥有更好的科研环境和更坚固的国家政策支持，新海南大学的科研工作在先驱者的铺垫下越走越远。"两院"人的功勋伟绩在时代潮流拥簇下，会在海南大学得到更好的传承，这就好比一场接力赛，前方的人已然歇息，我们更应该紧握手中的接力棒，结合前人的伟绩，抓住时代枢纽，将我国的橡胶种植研究发扬光大。

海南人林汉生

王春煜　周廷婉

日前接大洋彼岸友人的电话，知道林汉生教授已乘风归去，我们不禁黯然神伤，有幸两次和他会面的情景顿时浮现在我们的脑际。在美国的华人学术界，林汉生是一个响亮的名字，一提起他来，几乎没有人不知道。他历任美国加州索诺玛大学历史系教授，太平洋研究所执行部副理事长、新中国教育基金会会长等职，是著名的社会活动家。

1978 年秋，林汉生回到阔别 30 多年的故乡海南。记得在一个周六的上午，林教授应邀在海南师范学院礼堂做了一场"面向世界展望未来"的演讲，在他饱含情感的话语中洋溢着对祖国前途的坚定信念，激励学子们认识自身潜力，勇于开拓创新。他的讲话不时被掌声打断。演讲结束后，学子们纷纷涌向林教授，请他签名留念。

林汉生教授这一生，也曾经历过诸多苦难，但他一直坚韧努力，最终成就斐然。

一　充满苦难的童年

林汉生 1930 年出生在文昌市会文镇沙港村一个书香世家。

祖上出过进士，父亲林敬修有学问、识大体，曾任会文镇的镇长。他幼时曾在会文小学受启蒙教育。1939 年由于日军侵琼，年仅 9 岁的林汉生开始了流亡学生的生活。他随家人从沙港湾经广州湾（今湛江）逃难到粤北，先后就读韶关中正小学和琼崖中学。1945 年初，粤北形势一度紧张，林汉生在随父亲向粤赣边境转移中被日军逮捕，后来相机逃脱，但再也找不到他的父亲。出于对日本鬼子的无比愤恨，林汉生毅然报名当兵，他上过初中，被接纳为军队的文书，在军队服役了两年。1947 年进入广州，读中德学校高中。1949 年升上高三年级时由于时局的变化，家人让他离开广州前往香港，没住多久又从香港乘船回海南。林汉生一心向学，他凭着自己的优异成绩，被海口市国立华侨一中（今海南侨中）录取，度过了他高中最后一年。1950 年 5 月的一天，他只差几个星期就可以领到一张高中毕业文凭了，家人却担心解放军来了前途未卜，因此决意让林汉生随家人匆忙逃往台湾。林汉生为此郁郁不乐，抵台不久，他通过考试，入读台湾大学政治系，主修国际关系。他的录取专业，决定了他今后的人生方向。林汉生回忆在台大学习时的情景说，学习任务很重，每天都泡在图书馆里直到关门才离开。功夫不负有心人，1954 年他以政治系第一名毕业，其毕业论文是《论美国、苏联和中国"二战"后的三角关系》。大学毕业之前，林汉生在学术成就和社交活动上都有很好的口碑。毕业后，他立即投入准备出国的考试，报考的是政治学系的国际关系专业，不过需要提高英语口头和书面表达能力才能通过。外交部门英语口试的主考官是叶公超，当时叶先生用英语提问，林汉生沉着镇静，大声清楚地用英文回答他的问题。叶先生脸上掠过一丝笑容。时隔不久，林汉生被一所美国大学录取却没有钱买飞机票的消息传开了。关心林汉生学业的郑介民不愧是个超级侦探，当天就把林汉生接到他家，安抚了一顿，并把林汉生介绍给陈致平大使（海南人）。林汉生受邀在圆山饭店和陈大使共进早餐，吃完饭，陈大使给了林汉生 600 美元路费，让林汉生受宠若惊。有了这笔钱，林汉生有了底气，准备接受南卡大学的奖学金，踏上新的征程。

二　在美国留学的日子

1955 年 8 月，林汉生买了机票飞往美国旧金山。他入读的大学在南方卡罗来纳州哥伦比亚镇，他没有在旧金山停留片刻，直接买了一张火车票就向目的地奔去。买了火车票后，这时他口袋里只剩下 60 美元。

南卡大学是美国南方一个知名的高等学府。林汉生报到后，教授安排他和一个美国学生合住一套公寓，以帮助他练习英语口语，房租一个月只需 15 美元。他的奖学金是每年 1100 美元，学费全免。他在食堂吃饭，一天的伙食费不到一美元，他没有其他的花费，不去看电影，也不去看体育比赛，省下了不少钱。作为国际关系专业的研究生，他选了两门美国史的课程，希望尽可能多地学习了解美国政治制度及其运作方法。另外，他还先后修了欧洲外交史、政治理论、国际法，还有美国外交等课程。他的硕士学位论文写的是 20 世纪 20 年代的美中关系，这就需要花大量时间搜集资料和投入写作。他想起了纽约之行，那里的海南同乡会也许可以给他提供一个住处，他还可以在中餐馆打一份工维持生计，在那里完成他的论文。

于是他驱车前往纽约，进入布鲁克林区的琼崖同乡会。寄宿在这里的都是海南船员，他们是"二战"时期到美国来的。亲不亲故乡人，他们十分热情地接待这位青年学子，免费给他提供了一间住房。林汉生在曼哈顿一家写字间当档案管理员，有时晚上还到中餐馆当服务员。1958 年，他抓紧时间写完了论文，寄回南卡大学，随后不久便顺利通过了。

志存高远的林汉生打算选一所好大学继续深造。于是他试着给神往已久的宾夕法尼亚大学历史系寄去攻读博士学位申请书，几周后就收到这所著名大学录取信。1959 年，他兴致勃勃地走进了宾夕法尼亚大学，开始博士生阶段的学习。

三　在索诺玛教书、写作及服务社会

林汉生取得博士学位，为他在美国的事业和前途奠定了基础，而他也确实不负众望，为当初慷慨接纳他的这所国际一流大学增添了光彩。

当林汉生走出宾夕法尼亚大学校门，美国、加拿大多所高等院校频频向他招手，他从中选择了强调人文基础教育的索诺玛州立大学。他不仅担负授课和研究的责任，还服务于社区和民众，样样都干得出色，成绩斐然。林汉生深知自己学术上的成就，离不开中华文化对他的哺育。因此，他一直把祖国深深铭刻在心中。他先后为美国各种报纸杂志写了 20 多篇论述现代中国的文章，出版过《中华人民共和国：历史回顾》《中国历史上的和解：理论和实践》等英文专著，在美国社会中产生广泛的影响。此外，林汉生还帮助创办了《和平与改革》杂志，他当执行主编。

四　提议创办并筹建海南大学

1997 年 9 月，我们重渡太平洋探望亲友。从芝加哥飞抵旧金山的当晚，恰巧是中华人民共和国成立 48 周年前夕。躬逢其盛，北加州海南同乡会陈文岳副会长特地邀我们一道赴我国旧金山总领事馆参加一年一度的国庆盛宴。

在宴会上，我们和林汉生教授再度会晤。暌隔 20 多年，此刻的林教授已是皤然一叟，而精神仍健。餐毕，我们找了一个清静的角落与林教授茶叙。说起当年为筹建海南大学殚精竭虑的种种，林教授的回忆闸门慢慢地打开了。

1978 年，林教授接到国务院侨办的邀请访问中国。中美关系正常化之后，他已做好准备先在教育领域为中国服务。他先是写了一份 19 页的备忘录送交教育部提议创办海南大学，并述说其理由，获得了批准。然后，林教授回海南组成一个有党政官员参加的筹备委员会，负责海南大学的筹备工作。时任海南行政区党委书记罗天担任委员会主任，他和中国侨办林修德为副主任。他的当务之急是为创办海南大学筹款。筹款的工作重点是中国香港和泰国，很多海南人生活在这两个地方。林教授到香港，先去找了海南籍企业家周成泰、吴多泰和黄坚。这三位企业家热情接待了他，答应出任筹办委员会成员，并以他们的名义捐献了一栋大楼（即泰坚楼）给海南大学，他们还在香港其他企业家中筹款。接着，林教授又飞去泰国曼谷。企业家林猷仁、林猷义兄弟安排他和十六位企业家代表座谈，林教授特别强调高等教育对培养海南人后代的重要性，请他们慷慨资助海南大学。企业家们对此反应十分热烈。离开曼谷前，林教授还组织了由吴多泰、林猷仁、张光利三人组成的领导小组，负责为海南大学筹集资金。会上他们承诺建图书馆，林教授答应从美国寄赠科技书籍和期刊（后计 1.8 万册）。三人领导小组同意筹集数百万美元，作为大学的运作资金。林教授还拜见了前曼谷银行行长黄文波，他也表示支持。

在确认了筹办海南大学可动用资金后，林教授便重返海南落实大学用地的事情。他和筹委会主席罗天乘一辆吉普车，在海口和府城四处转，想寻找一块合适的土地。花了三天时间，结果选中了位于海甸岛的海南水产学校，这块地计有 3000 多亩，林教授认为这十分理想。报告送上去，政府很快批准了。

说到这里，林教授高兴地提高了嗓音说："能够不花钱拿到这块地作为校址，也算是我对海南大学的一大贡献吧！"大家都会心地笑了起来。

（原文刊载于 2016 年 11 月 14 日《海南日报》，

收入本书时标题略有改动。）

盐碱地里种出了甜玉米

陈蔚林

　　文昌市铺前镇潭榄村村民林明焕，干了大半辈子农活，原以为地里再生不出什么新鲜事，可随着自己的土地经历了一番"死去活来"，这个花甲老农的心被深深震撼。他不再小心翼翼地看天吃饭，而是开始相信"科学的力量"。

　　曾经连杂草也冒不出头的盐碱地，如今被冰菜——这种以前从没见过的蔬菜，顽强地铺开了一层厚厚的绿毯。引种它们的是海南省耐盐作物生物技术重点实验室主任、海南大学热带农林学院教授江行玉。

　　江行玉让海南盐碱地重新找回生机，也把一条致富新路铺到了农民面前。不仅在海南，他还将冰菜等耐盐作物推广到新疆、内蒙古，甚至走出国门推广至越南等地。

　　一株株小小的冰菜，或将改变更多盐碱地的命运，也将改变以这些土地为生的农民的命运。

一　养活了几代人的地，一场台风就吹废了

　　2014 年 7 月，那段属于海南人，特别是文昌人的残酷记忆，

任时间过去再久也无法消散。17 级超强台风"威马逊"和 13 级台风"海鸥"接踵而至,给琼州大地留下了满目疮痍。

台风刚刚过境,林明焕就跑到田头张望。"心一下就凉透了,哪里还有什么庄稼?"黑瘦的他呆站在田埂上,"昨天还好好的农田,今天就变成了水塘,积水最深的地方有两三米"。

"那不是雨水,是倒灌来的海水。有人说,被海水淹了的地就等于是废了。"可林明焕不信,养活了几代人的地,哪能一场台风就吹废了?

他以为等几天就会退水,也以为水退了还能重新种植庄稼,直到土地把风干的伤口摊给他看——黑色泥土里掺杂着雪白的盐粒,水稻、地瓜、花生、包菜……一拨拨种子播下去,长出来的却是一茬茬失望。

"折腾几轮后,地里连草也不长了。"林明焕说。牛饿得皮包骨头,农民丢开锄头准备进城打工,"我不想去,可不去怎么办?地死了,人还是要活的"。

那时,他顾不上多想:他和乡亲们这一走,几千年来,被农民视作"命根子"的土地就彻底成了"鸡肋"。

逆着进城打工的人群,江行玉的团队在这个时候来到铺前镇。他们没有受到特别的欢迎。早把土地判了"死刑"的农民,宁可让地撂荒也不愿让他们折腾:"肯定没戏!"

"你们要拿这地种水稻、种玉米,还要种叶菜?别开玩笑了!"当着面,村民们直接拒绝,"那些握笔的手能扛得动锄头吗?"背过身,村民们还在议论。城里来的读书人说要让盐碱地"起死回生",是那段时间村里人茶余饭后的最大谈资。

几乎是软磨硬泡,终于有几个农民肯站出来,把自己的土地让作试验田。但也不是白给的,地租从一亩一年 500 元涨到 650 元,比正常土地的租金少不了多少。

"那是农民不信我们,想让我们知难而退。"江行玉心里明白，可他憋着一股劲儿，硬是从科研经费里挤出了这笔钱。"我知道这事儿能成，越是难，越要做！"

二　满地的盐粒间冒出了嫩芽

江行玉的果决，不是书生意气。

1971 年出生的他，脚步遍及山东、河南、浙江等省，乃至美国、西班牙、以色列等国家，把超过 20 年的光阴交给一片片毫无生气的土地，亲手为它们披上一层层新绿。

2011 年决定来海南，他有自己的考虑：海南有 1800 多公里海岸线，滨海滩涂因含盐量高而利用率低。把这些滩涂利用起来，能为沿海的百姓创收多少？

粗粗算了算这笔账，他就拎上行李，奔着海南省耐盐作物生物技术重点实验室来了。

这间实验室于 1999 年经省科技厅批准成立，是海南首批省级重点实验室之一。但江行玉来得不巧，那两年，实验团队青黄不接，科研工作几乎处于停滞阶段，能利用的只有几间旧屋子、几台旧仪器。

"不能说从头做起，但也差不了多少。"他回忆起当时的情景，小到培养细菌的摇床，大到 10 多万元一台的超速离心机，都需要四处"化缘"重新购买。新团队的教授和学生，也得经过一番"游说"才肯来。

就这样，把每分钱都掰成几块用，每个人都顶着几个人用，短短两年，江行玉团队启动了多个科研项目，一边开展对植物耐盐关键基因和调控机理研究，一边调研海南滨海滩涂耐盐植物资源，并通过实验室耐盐性鉴定、田间耐盐性评价和试种，筛选出一批具有不同耐盐能力、适应海南生态区域、具有较高经济价值的作物品种。

　　江行玉的办公室里有几个脏兮兮的布袋，他把它们当作宝贝介绍："里面装的是水稻种子。之前，我们已经从 400 多种水稻里筛出了 3 种比较抗盐的，还要做进一步研究。"

　　筛选良种，不是简单地挑挑拣拣。此前的 400 多种水稻种子，每一种都要先育出幼苗来，对幼苗进行盐处理，再根据幼苗的长势优胜劣汰。如今脱颖而出的 3 种耐盐品种，还要分别接受全面的评定，才能放心地发放给农民。

　　如此下来，光是筛选良种，就要耗上三四年。江行玉不觉得麻烦："科研嘛，就要舍得出力、埋头苦干、不怕认真，不能总想着走捷径。"

　　实验室里是干得热火朝天，但成果会不会只停留在论文上？江行玉想，起初，不少人对此持观望态度。所以，2014 年的两场台风，对他们来说无疑是一场大考——经过海水浸泡，海南有 4 万亩土地呈盐渍化，仅文昌市的罗豆农场和铺前镇就有 1.6 万亩良田撂荒，5~10 年内无法种植常规农作物。

　　为帮助群众尽快恢复农业生产，2014 年台风过后，省科技厅和省农业厅投入 2000 万元，启动了"海南耕地改良关键技术研究与示范科技"项目。其中一项重要工作——海水倒灌农田土壤盐渍化灾后恢复生产技术研究与示范推广，被指定由江行玉团队承担。

　　项目启动之初，江行玉选了一批耐盐能力较强的甜糯玉米种子，却不急着种下，而是用作物耐盐生长调节剂充分浸泡后才撒向田间。

　　"这是在干啥？"面对村民们的疑问，他形象地解释："种地和抚养孩子是一个道理。在恶劣环境下生长，孩子很容易生病。自小打上疫苗，他们就能增强免疫力，更健康地成长啊！"

　　作物耐盐生长调节剂的作用，就是让植物在长苗的关键期，既能够保证自身水分不流失，又能从土壤中尽量吸收水分。

慢慢地，满地的盐粒间冒出了嫩芽。

三　服了，产量比以前更高了

说起当时的心情，林明焕还是有些激动："服了，才不过半年时间，死地就像被施了法一样，活了。"

2015 年 6 月，省科技厅派出人员去察看项目推进情况。一抵达试验田，大家就松了一口气——满眼的翠色随风摇曳，嫩黄的玉米颗颗饱满，沉甸甸地压在枝头。经测算，第一批种植的玉米，在含盐量近 1% 的盐碱地中亩产达 813 公斤，与正常土地的产量相差无几。

第二批、第三批……玉米的长势越来越好，到了 2016 年 5月，亩产已高达 1800 多公斤，每亩经济收入 3000 多元，比台风前的产出还要高！

敢闯敢试的江行玉从此在文昌名声大噪。谁到村里找他，只要问"种玉米的"在哪里，马上就有人领着去找。

村民们全都看在眼里，这些"种玉米的"三天两头到村里来，一早到了就埋头扎进地里，中午也不离开，匆匆吃几口饭又接着干。林明焕说："有些学生才 20 多岁，哪里干过农活呢？我让他们慢点、慢点，总还是滚了一身泥回去。"

一天深夜里暴雨突袭，整个团队几乎没合眼，牵挂着罗豆农场里才种下的种苗。第二天去了一看，稚嫩的小苗果然一株不剩。江行玉的博士研究生尹晓畅回忆：老师没说话，一个人在地里站了半天……

慢慢地，村民们不管江行玉叫"种玉米的"了。他们发现，他能种的东西太多了，而且每一种作物种下去都能活。原本了无生气的盐碱地里，水稻长起来了，菠菜长起来了，海芦笋长起来了，黄须菜也长起来了……处处是丰收景象。

江行玉从美国引种回来的冰菜表现更为突出。这种番杏科植物的适应性非常强，可耐低温、耐贫瘠、耐盐碱，在盐碱地较多的地区具有极大的推广价值。

一方面，在盐碱地生长的冰菜绿色无公害，而且售价相当可观，每公斤不低于 30 元。这种蔬菜在中国鲜有种植，村民们可以通过种植冰菜脱贫致富。

另一方面，冰菜及其他耐盐植物种下后，可以迅速提高盐碱地植被覆盖度，减少水分蒸发从而防止土壤返盐。更神奇的是，它们还可以吸收大量盐分，帮助盐碱地脱盐。

高分通过了这次"大考"，江行玉团队开始从海南走向吉林、新疆、内蒙古等地，就连越南湄公河流域海水倒灌农田改良和海水稻开发工作，都由他们牵头负责。埃及、摩洛哥、突尼斯等国家，也纷纷计划于近期派员来琼向江行玉取经。

"取经说不上，我就是去帮他们把地种好。我们干这行的都是'土包子'，这辈子就跟盐碱地较上劲了！"站在这片熟悉的田埂上，江行玉晒得黝黑的脸满是笑意，他目光所及之处，早已是一片葱茏。

（本文原刊载于 2018 年 1 月 15 日《海南日报》，
收入本书时标题有所改动。）

苏公石像　浩然正气

徐乐乐

　　1988 年，海南省正式成立，全省人民欢呼雀跃，满怀热情地准备建设自己的家园，这一年，也是海南大学复建五周年。这一年夏天，在炎炎暑气里，一座苏东坡石像正式坐落于海南大学校园内，成为海南大学的一个特色文化地标。此东坡像是为纪念宋代大文豪苏东坡所立，由海南大学艺术学院老师王广生设计。

　　谈到海南的历史文化，就不得不谈一谈宋代大文豪苏东坡；谈到海南的文化教育，就不得不说一说海南省的最高学府——海南大学。一位是历史文化名人，一个是海南省的最高学府，这两者之间必然有所联系。

　　绍圣四年（1097）苏东坡被贬儋州，当时的儋州被视为蛮荒之地，琼州海峡将海南岛与内陆分隔开来，当地文化以黎族土著文化为主；且海南岛气候湿热，蚊虫较多，饮食习惯也与中原大相径庭。初到海南时，苏东坡确实对当地恶劣的生态环境大吃一惊，但他逐渐以乐观的态度面对被贬之地。到达海南十余天之后，他就为海南人民做了一件好事。当时琼州百姓缺水喝，日常饮用水水质极差，喝了很容易生病。于是苏东坡在城墙一角找到了两眼泉，并指导百姓开凿泉眼，这就是后来的"双泉"。其中一口出水甘甜的泉眼至今仍保留在五公祠内，被称作"浮粟泉"。

苏东坡抵达儋州之后，受到了当地民众及部分官员的热情款待。这给了他心灵上的慰藉。然而好景不长，帮助他的官员被上司罢免，他再一次受到打击。儋州的百姓虽然敬仰苏东坡的学识，但少有人能欣赏他，加上语言不通等问题，他在这里备感孤独；在食物方面，儋州物资奇缺，虽然有热心的官民为他送来芋头及当地特色食物，但苏东坡不太能吃得习惯；儋州气候潮湿，他的被褥常年散发着潮气。这段日子非常凄惨，孤独与落寞席卷而来。

但苏东坡怎么会被轻易打倒呢？经历过一段时间的低谷之后，他慢慢地平复了心情。当地官民在城南为他盖起了三间茅屋，苏东坡为其起名为"桄榔庵"，安居在此。随后，他积极融入当地百姓之中去，同他们一起劳作、交谈，带领百姓挖井取水，上山采药，并帮助他们治病。他与当地民众和睦相处，帮助他们发展农业生产，为当地人带来了很多福利。

除此之外，苏东坡最伟大的功绩就是在儋州开办学堂、教书育人、教化民众，向他们传播中原先进文化，帮助他们学习礼乐知识，成为儋州文化的开拓者、播种者，开启了海南文化教育的先河，对后世影响巨大。如今，儋州已成为著名的"诗词之乡"。

在被贬儋州的岁月里，苏东坡与当地人民相处融洽，将海南当作自己的第二故乡。他在《别海南黎民表》中写道："我本儋耳人，寄生西蜀州。"苏公那种豁达乐观、爱国爱民、潇洒自适、清正仁爱、以民为本的精神影响着海南人，东坡学术及东坡精神也在儋州代代相传，对海南文化发展做出了突出贡献。现如今，研究苏东坡已成为海南大学的一个特色学术研究专题。

苏东坡石像就坐落于海南大学校园内，与行政楼相邻，石像正面对着起点草坪，大家亲切地称呼它为东坡像。从1988年立于海大校园开始，东坡像已经伴随海南大学走过了 30 个春秋。它曾聆听过学子晨起的读书声，也曾聆听过运动健儿们在田径场上的呐喊声；它曾在台风天里忍受着风雨摧残，也饱受了烈烈骄阳的炙烤；它目送着一批又一批的海大学子毕业，又迎接着一批批新生的到来。30 年来，东坡像一直矗立在海大校园里，倾听着海大师生的故事，也激励着海大师生奋勇前行。在 30 年的光阴里，东坡像不仅见证了海南大学的发展变化，也见证了海南省的发展繁荣。

作为海大校园内一座有历史的文化地标，东坡像在海大师生心目中有着重要的地位，它就像思源学堂、起点草坪、农科楼等建筑一样，成为海南大学的标志性建筑。东坡像不仅仅是为了纪念文豪苏东坡而建立，它早已成为东坡精神的传递者。每当海大学子经过东坡像旁，望着那伟岸的身姿，仿佛见到了 900 多年前那个高唱"大江东去"的文豪苏轼，仿佛见到了那个爱国爱民的东坡，亦仿佛见到了那个建学堂、创学风的苏公！东坡像一直立在海大校园里，也一直刻在每一个海大学子的心里。它将继续见证海南大学的发展、见证海南的历史变迁。苏公的学术思想及浩然正气也成为海大人的宝贵财富，一代代地流传下去。

流落儋州不自忧，教化黎民功千秋。讲学明道兴人文，书声琅琅弦歌起。回望历史尘滚滚，而今苏公何处寻？石像海大园中立，浩然正气万古存。

海之运，学则强

岑光珍

从北门开始，沿着学校的南北中轴线一直走到底便能看到一栋五层楼的建筑，在它的北面，写着这栋楼朴实无华的名字"李运强理工实验大楼"。比起它旁边的研发中心大楼，这座只有五层楼的建筑，似乎是那么的不起眼。虽然这栋楼只有五层，却有A、B、C三个区域，占地面积约为50亩，建筑总面积为26577平方米，设置实验室共273间，是学校"理工学科群楼"的重要组成部分。大楼里面有着设施完备的实验室，主要供学校的土木建筑工程学院、食品学院、材料与化工学院的师生们使用。

大楼的南面是学校气派的新南门，东面仅一路之隔便是海大两座高楼之一的研发大楼，北面就是学校的第二田径场，西面的废墟上即将建立起一座体育馆。在大楼的走廊上能看到美丽的世纪大桥，抬头便是湛蓝的天空和洁白的云朵，微风吹过学子的脸庞，带走了实验时的紧张。结束紧张的实验之后，可以在走廊上看看不远处的世纪大桥，也可以就近去田径场打个球或者跑个步，如此劳逸结合，岂不美哉？

这座大楼以李运强先生的名字命名，是为了纪念并感谢李运强先生对建设大楼和海南省教育事业的支持。

　　李运强先生原籍海南琼海，1945 年，李先生五岁之时便随家人前往香港学习。李先生创业后，创办了香港理文造纸厂有限公司，并出任公司的董事会主席，先生同时也是香港海南商会的会长，是香港有名的琼籍巨商。

　　李运强先生虽然身在香港，但心中始终记挂着故土海南。在事业有成的同时，先生大力支持各项社会公益事业。1997 年，李先生为了支持海南大学图书馆的建设，向海南大学捐资了 30 万元。2007 年，原海南大学和华南热带农业大学合并成为新海南大学之后，黄国泰书记和李昌邦副书记去港澳台地区拜访了各位同胞。李运强先生热情地接待了他们，并邀请他们共同用餐，李运强先生的家人也出席了这次餐会。李运强先生在席间主动表示他将向海南大学捐款 2000 万元，他甚至还谈及他在海南大学理事会的职务以后将由哪位子女接任。

　　李运强先生知道同为琼籍港商的邢李㷷先生捐资建设了海南大学思源学堂，也想给海南大学捐资。一开始时提出的几个建设方案都不是特别理想，于是就决定先设计方案。李先生在海棠湾建了一个超五星的酒店，所以就比较希望海南大学能够多培养一些酒店管理方面的人才。

　　有一年，时任海南大学副校长严庆先生等一行人到香港去拜会李运强先生。当时在场的人还有海大泰坚楼的捐建人之一黄坚先生的儿子黄守正先生，和前香港科技大学副校长而今岭南大学的校长陈建树先生。李运强先生说，你们的方案拿不出来的话，我就把那 2000 万元给陈校长了。那一年的方案一直没有确定下来，所以就没有得到那笔资金。再后来，李先生 70 岁生日的时候，邀请了海南的几家单位去参加生日宴会。本来是有 7 家海南省单位受邀的，但是由于种种原因，最后赶到现场的单位只有两家。其中一家就是海南大学，李运强先生就特别感动。再后来，李先生称之前提出的那个方案需要先修改，当时正在海棠湾运营超五星酒店的李先生的女儿就打电话给学校的刘康德书记，那天刘书记原本是要举行一个会议的，接到电话之后，二话不说立刻推迟了那个会议。随后刘书记便带着华处长直接赶往海棠湾，讨论方案的修改问题，但是李先生的女儿又因为别的事情没有赶到。之后李运强先生亲自前来，看到刘书记他们在现场，觉得校领导都来了，随即就拍板决定，方案不再改了，当场签字，捐款2000万元。

当时，关于这2000万元资金的用途一共设计了两个方案，第一个是涉及信息技术方面的。这个方案由当时海南大学信息学院的院长杜文龙提出，计划是要建设一个物联网，即物流加互联网。第二个方案是建设一个国际旅游教育培训中心，并且当时李运强先生的女儿刚好在三亚发展旅游业。不过第二个方案不是由海南大学单独实施，而是准备与香港的岭南大学合作建设，以此建立一个引进香港的教育资源、建设模式以及旅游教学经验的渠道。这两个方案送到了李运强先生那里，先生选择了第二个。但是，这个方案最后并没有得到良好的实施，于是这笔资金便被用来建设了学校的理工大楼，为了感谢李先生，学校便决定把这栋楼命名为"李运强理工实验大楼"。为了感谢李运强先生对学校建设的大力支持，学校还特地聘请李先生出任海南大学第一届理事会理事。

2012年9月25日，"李运强理工实验大楼"揭牌并正式启用，到2018年的今天，这栋楼已经陪海大学子走过了近六年的风雨。无论是台风还是暴雨，它都矗立在那里。大楼里做过一个又一个的实验，得出了一个又一个的成果，走出过一个又一个充满朝气的学子。在大楼的启动仪式上，时任海南省副省长林方略先生如是说："希望海大学子要感恩李运强先生的善举，铭记李运强先生的爱心，将之化为学习进步的强大动力。"海大学子在这栋楼里努力地学习并取得了巨大的进步，大楼不仅代表着李运强先生对故土的牵挂，更代表着先生对海大学子的关爱和殷切期望。

2012 年 1 月，海南大学热带岛屿资源先进材料教育部重点实验室正式成立，其地点就在李运强理工实验大楼。这一重大建设成果是对支持海南大学学校建设的各位爱心人士的最好感谢。

大楼的外墙上，除了金色的"李运强理工实验大楼"名字之外，东面还写着红色的"热带岛屿资源先进材料教育部重点实验室"这个名字。一金一赤，正预示着海大红红火火、熠熠生辉的明天。

大自然在苍茫的大海上孕育了海南岛这座宝岛，这座宝岛上又生长了一代又一代的人，李运强先生等对海南大学的建设所提供的帮助便是大海这位慈爱的母亲赐给海大的礼物。而万千海大学子只有更加努力地学习与进步才能变得更强大，从而报答脚下的这方炙热的土地和拥有着辽阔胸襟的大海。

符福生为海南厅作画

彭青林　王翌晨

1989年3月12日，刚刚建立的海南省，在人民大会堂有了自己的海南厅，人们在落成仪式上看到的人民大会堂海南厅，以红、白、蓝、绿四种明快的色调为主调，使人仿佛置身于海南岛的红土、白沙、蓝天、绿海的美丽景色中。

墙上三幅巨大的壁画让人啧啧称奇。南北两侧的壁画略小一些，分别是"碧翠海南岛""无限风光数天涯"，挺拔秀美的椰林之中掩映着绿色的海南，天涯海涛跃然墙上。主墙上是"佳果累累甜琼州"，画家用工笔画出海南各种各样的热带水果。电灯打开，明亮的灯光从一个个"椰子"里撒出来，和地毯上的椰子图案形成呼应，整个厅里洋溢着浓浓的海南特色。没有人能想到，就是这样充满海南特色的布置仅仅用了8个月。

1988年4月26日，海南正式建省。随后，全国人大常委会批准在人民大会堂增设海南厅。当年8月，海南省开始筹划建设，具体工作由海南省驻京办事处负责。

海南厅的面积有240平方米，其中一面是窗户，另一面是大门，按照当时人民大会堂管理局的要求，门和窗是不能改动的，因此，剩下的空间就比较小了。时间紧任务重，如何利用最短的时间去完成任务，并最大限度地体现海南特色是摆在每一位工作人员面前的问题。经过项目组和设计师的反复商议修改，决定从两个方面突出海南风情。

第一个方面是从灯具跟地毯上下功夫。灯具是根据北京一位著名设计师的创意所制作，灵感来自海南的椰子。正对着灯具的地毯，也采取椰子的花纹，上下呼应。

第二个方面就是壁画，根据当时的设计，除了有窗户的一面，其余三面都悬挂壁画。为了能够完整描绘出最具海南风格的壁画，有四位海南本地的画家受荐，前往北京实地考察海南厅，之后每个人绘出草稿，最后决定由谁主笔。

符福生就是这四个人之一，当时的他是海南大学美术系的一位讲师。他凭借着多年用工笔重彩的方式描绘海南风光的经验以及独特的写意风格，最终被选定成为壁画的主笔。

三个月的时间，真正画完壁画的时间却不到一个月，符福生老师利用很长的时间进行草图的创作，等到成竹在胸，便让工作人员买来亚麻布，悬挂在墙壁上，直接站在脚手架上，一个人完成，连从中央美院找来的助手都插不上手。

曾任北京海南大厦总经理、当时直接负责海南厅建设工作的郑喜增回忆说，在符福生作画过程中，人民大会堂管理局还特意邀请了范曾、袁熙坤等几位著名画家来到海南厅现场看他作画。几位著名画家对海南厅的壁画评价很高，还在符福生的一幅作品上题了字。海南厅建设完成后，符福生的一幅画作还被人民大会堂收藏。

在后来的访谈中，符福生先生也曾多次提到在人民大会堂海南厅创作壁画是其最难以忘怀的事情。

（本文原刊载于 2011 年 3 月 22 日《海南日报》，
收入本书时文章有所改动。）

造玻璃的教授姜宏

李 磊

　　姜宏，1961年生于河南省开封市，1982年毕业于浙江大学，后获得武汉理工大学材料学博士学位，2011年至今任海南大学材料与化工学院副院长、博士生导师，海南中航特玻研发中心主任，武汉理工大学楚天特聘教授、博士生导师。2018年5月，他被增选为2017年中国工程院院士有效候选人。

　　实际上，姜宏在来海南担任海南大学材料与化工学院副院长之前，在中国特种玻璃行业已是大名鼎鼎的人物。

　　1982年，大学刚毕业的姜宏进入洛玻集团公司（前身为洛阳玻璃厂）工作，在接下来的几十年时间里，他先后完成20多项国家、省重大科研攻关项目，特别是成功实现0.55毫米等系列电子超薄浮法玻璃产品的工业化生产，彻底打破了国外技术封锁和产品垄断。

　　2011年，一拨来自海南的客人，改变了这位特种玻璃行业领军人物的人生轨迹，也给海南玻璃研发找到了领跑人。

一 "降级"来到海南

　　2011年，海南大学和海南中航特玻材料有限公司的相关负责人找到姜宏，以"高校+企业"的独特人才引进方式，打动了当时身为厅级干部的姜宏。

接到邀请，姜宏毅然放下"干部的身份"，"降级"来到海南。

"在海大与中航特玻来找我之前，也有很多企业单位和学校来找过我，但是我就是喜欢海大与中航特玻'企业+学校'的引入方式。"姜宏说。

姜宏强调，当初选择来海南，除了看重海南的生态环境、自然资源以及不断拓展的发展空间外，"高企+高校"的引进模式可以让他既能在高校教书育人，又能帮企业解决实际应用中的技术难题，个人的价值可以得到更大发挥。

二　把创新放在第一位

来到海南后短短两年时间里，姜宏在海南分别组建了海南中航特玻和海南大学两支研发团队，一边进行项目研发，一边培养创新型人才。

秉承着"创新"的理念，姜宏认为，在教与学中，都应重视思考与创新。他认为给予学生更多独立的思考空间，并引导出新的思想才是真正的教学。

在学生们眼中，姜宏是一位时常把创新挂在嘴边的严师。他常说，学生不应局限于课本中的知识，将所学转化为所思，并在所思中得出自己独到的见解，这才是学习。在实验室里，姜宏的学生必须做到实验数据毫厘不差，经常一个实验要经过数十遍才能得到姜宏的认可。

三　再次创业成就"玻璃梦"

在海南六年，姜宏在他的特殊玻璃技术研发上，也是如鱼得水。

在他的带领下，其团队攻克了"超厚超大超白玻璃的产业化""全氧燃烧技术在大型玻璃熔窑中的应用"等一系列技术难题，他的团队申报专利 87 项，其中发明专利 44 项，技术推广与产业化完成 10 项，销售收入达 57114 万元，取得经济效益超过 1.2 亿元。姜宏个人也获得海南省高层次创新创业人才、杰出人才、第七届全国优秀科技工作者等称号。

可以说，到海南六年来，姜宏及他的团队硕果累累。姜宏认为，正是海南省的人才政策和南疆这片创业热土吸引他实现了自己再次创业的"玻璃梦"。对于未来，他信心百倍，他说将坚持创新驱动、科技发展，让中国特种玻璃梦从海南腾飞。

（原文刊载于 2017 年 7 月 14 日《海南日报》，
收入本书时标题有所更改。）

养鱼的教授院长陈国华

李利萍

陈国华教授是海南大学海洋学院前任院长，不幸于 2017 年 2 月 7 日逝世，一位水产界的先辈离开了我们，他的精神与我们同在。陈教授干了一生的水产，成就卓著，下面主要说说他养的三条鱼。

一 鄱阳发端，保护银鱼资源

陈国华教授是江西人，生于 1956 年 1 月。1982 年 7 月毕业于江西大学生物系淡水养殖专业，获学士学位。1982 年分配到江西省科学院生物资源研究所，从事水产养殖、水产资源研究工作，先后任实习研究员、助理研究员。

陈教授的水产研究于江西省发端，而当地的特色美食银鱼却面临产卵分布不均匀，资源受到损害的情况。为保护当地鄱阳湖银鱼资源，陈教授主持并完成《鄱阳湖产银鱼的产卵场调查》，在查明鄱阳湖银鱼产卵场的分布情况，开展了银鱼生长、食性、繁殖生物学等必要的研究后，提出鄱阳湖产银鱼资源保护意见，并于 1984 年被江西省水产部门应用，惠及今日。保护银鱼资源，不但有利于生态环境，取得了良好的生态效益，而且推动当地银鱼的售卖，取得了良好的经济和社会效益。

1991年8月陈国华调入海南大学，从事水产养殖教学、科研工作；1993年任农学院水产系系主任，1994年晋升副教授、2001年晋升教授；2002年，任海洋学院副院长，2004年至2014年任海洋学院院长。陈教授的水产研究发端于江西，传承于海南，1991年陈教授的到来，无论对海南的水产养殖事业，还是成就陈教授自己的事业理想，都是幸事一桩。

二 授人以渔，苦心培育石斑鱼

在海南省澄迈县琼村的一所农民育苗基地上挂着这样一块牌子："海南大学海洋学院教学实习基地"。一看这块牌子就知道，陈教授又在这里养鱼了。

石斑鱼之前在海南是餐桌上难得一见的稀有珍品，为了将石斑鱼推及为大众食品，让更多的人可以吃到石斑鱼，陈教授为此一直在努力，并于1998年得到海南省"1998年百项农业新技术项目"和海南大学的大力支持。设想总是美好的，可付诸实践却会遇到种种困难，为解决石斑鱼的育苗问题，2004年陈教授到澄迈县琼村找到了当地渔民刘青利，与之合作，互利互惠。

培育之路艰辛而漫长，除了在观察测量时海南蚊子不近人情地疯狂噬咬、双腿泡在池中习以为常地发溃发烂之外，为了给养鱼池输送新鲜空气及在最好的时间观察鱼苗变化情况，陈教授甚至每天难以保证5小时的睡眠。皇天不负有心人，历经40天的钻研刻苦，陈教授终于繁殖出了"带点石斑鱼"的鱼苗。该鱼苗的培育不仅使当地渔民得利，使海南人民的餐桌上普及石斑鱼，而且极大地推动了国家水产研究的进步。

在之后的十年里，陈教授除了每周四天在校上课的必要行程，其余时间都在刘青利的养鱼池试验场中度过，给刘青利的养鱼事业很多的帮助。为此，刘青利专门设牌匾，表达自己对海南大学和陈国华教授的感激之情。通过陈教授的下乡和与渔民合作，海口石斑鱼育苗基地已经越建越多，海南人民想要吃到石斑鱼再也不是一件难事。

三　八年苦战，人工培育苏眉鱼苗

苏眉是雌雄同体雌性先熟的鱼类，味道鲜美，却数量极少，而且其食性广，易食有毒物质，会对人体健康造成危害，因而人工培育苏眉鱼苗十分必要。

在 2005 年，印度尼西亚曾成功培育几百尾 3 厘米左右的苏眉鱼苗，取得可喜的成果，可在此之后便再没有听到苏眉鱼培育的相关进展事项。2007 年，陈国华教授开始着手研究苏眉鱼人工培育却惨遭失败。2012 年，陈教授再次培育，可抵不过无情的台风，天不遂人愿。人却不信天命，2013 年，陈教授再次出发，从马尔代夫引进价值 80 万元的 60 条苏眉鱼苗。虽然海南青利水产繁殖有限公司铁炉港基地因军事演习，不利于育苗培育而不得不临时转移产地，虽然台风依旧无情掠去了十几条珍贵鱼苗，陈教授的决心却毫不动摇。他将剩余鱼苗分别养于西岛和文昌两地，并于 2014 年 5 月成功获得受精卵，打破了之前的失败魔咒。

受精卵取得后，及时的人工培育十分重要。在蓝海洋科技养殖公司的支持帮助下，分别克服了水质和泥塘问题。历经 46 天的悉心培育，苏眉鱼苗得以培育成功。相信在不久的未来，苏眉鱼可以同石斑鱼一样在海南乃至全国百姓的餐桌上普及。海南大学和陈国华教授为此做出了突出的贡献！

陈国华教授，一个与鱼有缘的人，一个推动了国家水产事业进步的学者，斯人已去，精神长存。

这算奇遇吧？

卓兰花

2006 年盛夏的一天，来自印度尼西亚雅加达的安焕清先生带着感激和满足的心情，从海口踏上了飞往印度尼西亚的班机。他为什么感激和满足呢？这就得从海南大学符文英教授和安焕清的太太在厦门街头的一次奇遇开始说起。

一　安太太厦门偶遇故乡人

2006 年 6 月，海南大学生命科学与农学院教授符文英到厦门出差，在回海南的前一天，她到厦门一特产店选购特产。这时，她发现有两个马来西亚服饰装扮的妇女一直跟在她身旁，偶尔窃窃私语。她好生奇怪，并不认识她们。就在符教授回头看了她们一眼时，其中一位妇女缓缓走上前来，操着生硬的普通话很有礼貌地问："您是海南人吗？"

她说，自己当时想都没想就点头了。这名妇女连忙拉住符教授的手说，她的丈夫也是海南人，名叫安焕清，他一直很想回海南寻根问祖，但是不知道回去怎么才能找到亲人。

二　海大教授牵线搭桥

符教授当即表示非常愿意帮忙。回到海南后，她拿着安太太提供的一个亲戚的名字，与文昌侨联和有关部门联系、打听。几经周折，在文昌侨联的大力帮助下，终于打听到安先生在文昌清澜老家还有亲人健在。

"安太太那次是陪着她的二儿子到厦门大学学习汉语的，顺便帮丈夫打听回海南寻根的事。没想到我们在厦门街头的偶遇，促成了安先生这次返乡之旅。"符教授说。

三　安先生父子认祖宗归

2006年7月28日，66岁的安焕清先生携二儿子第一次回到海南文昌清澜下文村寻祖。安先生说，他们这次回到海南文昌，又用回了祖辈的姓氏。可是在30多年前，安先生全家和其他在印度尼西亚的海南乡亲一样，迫于当时的某些压力，改名换姓，换成了印度尼西亚万雅佬地区的一个大姓"隆毕斯"（音译）。

据了解，安先生和他的太太都是在印度尼西亚出生的海南乡亲，夫妇俩在雅加达政府医务部门当医生，退休后，俩人开了家私人诊所，日子过得舒适和睦。他们有三个儿子，其中，老大和老三学医，继承父母的医学事业，二儿子在厦门大学学汉语。

安先生回印度尼西亚前，带着儿子在海南大学符文英教授家里做客。安先生显得很沉静："我有很多话想说，但都不知怎么表达。我在国外出生长大，从小就不断听我的父母给我们说家乡海南文昌的事情。"

安先生说："我这次回来看到文昌的道路宽阔，街道整洁，人们的脸上很有精神，跟我父母当年描述的大不一样。"

　　让安先生激动万分的是，在清澜下文村里，上一辈的老人中健在者居然还有人认识他的父母。他的父亲 90 多岁过世，临终前一直很想再回家乡看一眼。"我这次回来寻亲，完成了老人家的遗愿，而且我还将我的孩子也带回来了。"

　　安先生非常感谢文昌侨联主席符爱珠女士。他说，原本对这次回海南来寻祖不抱什么希望，因为不知道家乡还有没有亲人。没想到文昌侨联抓住一点点"蛛丝马迹"，一路寻找，帮助他找到了在海南的亲人。

　　安先生说："今后我还会带我的太太和孩子们一起回来，让孩子们懂得，他们的根在中国海南。"

（原文刊载于 2006 年 8 月 4 日《海南日报》，

收入本书时有所改动。）

外教伊丽莎白

徐晗溪

从 2004 年执教河北理工大学，到如今任教海南大学儋州校区，伊丽莎白已有 14 年的英语教学经验。她认为，中国社会评价优秀的标准可以更加多元化，鼓励每个学生都能从学习中找到自信。

"每一个人都像埋在冬天冻土下的种子，期待温度、湿度和土壤来唤醒。身为师者，就是努力提供最好的环境给他们扎根发芽，慢慢唤醒学生的天赋才能，使他们慢慢长成一棵幼苗，直到成为参天大树。"伊丽莎白认为每个学生都是潜能无限的，关键看教师如何引导。

她认为英语虽然很重要，但对中国学生来说，还是应该首先学习好汉语。伊丽莎白在大学任教时，发现很多大学有公共英语课，却没有公共语文课，一些大学生并不是很了解中国传统文化，反而花大量时间学英语，以期通过英语优势，获得出国、考研的机会。她认为这种做法是本末倒置的，她觉得如果一个学生连母语都学不好，不能理解中国的文化，也不可能学好外语。

伊丽莎白认为中国教育资源分布不平衡，城市里的教育资源很好，而一些偏远地区，虽然孩子很聪明、勤奋，但由于没有好的教育资源，就没有机会接受更好的教育。她坦言，这也是她放弃在海南大学海甸校区执教的原因，因为儋州校区的学生更需要外教老师。

伊丽莎白建议学校与社会评价学生好坏的标准可以更加多元化。她说，知识的多少不代表德行的高低，有些人接受了高等教育不代表他就会善良，相反，没接受过教育也不意味着品行低下，教育应是教授知识与培育德行相结合。

从 2006 年开始，伊丽莎白走遍了海南的山山水水，勤劳淳朴的乡民、浪漫的椰风海韵，无不让她沉醉其中，来自美国密苏里州的她常以老海南人自居，在儋州免费教当地小孩学英语，在微信群里向外国人分享海南生活，早已将海南视为她的第二故乡。

一　她成了“海南通”

一天下午，记者如约在海口见到伊丽莎白，她的住所位于海口市白沙门公园旁边，四周绿意盎然，她平时在海南大学儋州校区工作，周末才回海口。虽然每周只住两天，海口的房间却布置得颇为雅致，许多中国字画作品与海南民俗工艺品无声地诉说着主人与海南的缘分。

美国密苏里州与中国唐山市系友好城市，基于两个城市的友好交流，2004 年，伊丽莎白被派到河北理工大学（现为河北联合大学）教英语。来之前，中国对她而言只是地图上的“金鸡”，怀着有点忐忑又有点激动的心情，她来到了中国，并逐渐爱上这个神秘的东方国度。

“只有来到这个国家，了解当地的生活，才能明白中国迷人之处的万分之一。”2006 年，一次偶然的机会，伊丽莎白来到了海南博鳌，这个与家乡相隔半个地球的遥远海岛，让她感受到了家乡般的亲切与温暖，内心的共鸣让来自异乡的伊丽莎白决定留下来。

"虽然密苏里州位于美国中部，那里没有大海、沙滩、水牛和椰子树，但有着和海南岛相似的纯朴民风。"12 年来，尽管所学汉语有限，伊丽莎白还是情不自禁地爱上了海南，学着像当地人一样生活，收集各种有关海南的信息与物品，成了别人眼中的"海南通"。

二 带着西瓜去当地人家聊天

从家门口那一对小巧玲珑的石狮，到客厅里摇曳着民族风的座灯，再到手工编织的各类器物，左侧厚重的中式柜台上摆放着蒲扇、珊瑚贝类、海捞沉物等不一而足，不宽的客厅里摆满了伊丽莎白从各处淘来的"宝贝"。

"这是黎族朋友送我的捕鼠夹，海南省博物馆也有相似展品。"每件物品背后都有一个故事，伊丽莎白一边向记者展示这件她最喜欢的弓形捕鼠夹，一边很自豪地做介绍。"当我拿给一位德国工程师朋友看时，他对黎族工艺展现的智慧赞不绝口。"

伊丽莎白在海南岛感受到一种爱的治愈力量，她想把这份爱与温暖传递给更多的人。2008 年，她在博鳌开了一家民宿，接待来自英语国家的客人。这家民宿在当地小有名气，人们常常看到伊丽莎白带着外国客人周游海南，积极参加海南的各项志愿活动，关心留守儿童和孤寡老人。

"我买个西瓜就能去他们家聊天喝茶。"虽然语言不通，但因为"用心对话"，感情可以互通，凭着手势，伊丽莎白与当地老百姓相处融洽。2013 年离开博鳌后，她依然与当地居民保持联系，常常在微信朋友圈点赞互动。

三 与儋州有心灵共振

"问汝平生功业，黄州惠州儋州。"这是大众耳熟能详的东坡诗句。如果伊丽莎白能读懂古诗，她一定视东坡为知己。她说，来海南的 12 年里，前 10 年的足迹遍布东海岸，2 年前第一次去儋州，看到成片的凤凰花，一下子被儋州的静谧与闲适所打动，便放弃在海口工作的机会，宁愿两地奔波，也要在海南大学儋州校区教授英语。

周一到周五的清晨，伊丽莎白不是被闹钟叫醒，而是窗外的鸡鸣声飞进她的梦乡。"要睁开眼时，我真以为回到了童年，我还是那个无忧无虑的小女孩。这里连空气都是轻的，又有点微微的凉，抬头看看云，心立刻就静了。"

"如果说海南带给我的感觉是家乡的温馨，那儋州就完全可以标注成我的家，它有湖泊和绿地，人们平时劳作，周末钓着鱼，谈着天，和我成长的地方一模一样。"伊丽莎白笑称她与儋州有某种心灵共振，喜欢教这里的学生与孩子学英语。

她认为儋州的孩子很朴实，不浮躁，有着更大的热情和好奇心去学习知识。在平时的教学中，伊丽莎白非常注重鼓励学生，培养他们的自信心。"学生都非常优秀，只是会有些羞怯，每个学生的想法都不同，而作为教师，应该拥抱他们的不同，没有一片叶子是相同的，千篇一律并不是美的标准。"

"学习外语不是丢弃自己的根，而是为了更好地将自己优秀的东西表达出来，民族的才是世界的。"伊丽莎白很喜欢中国文化，尤其喜欢庄子的《逍遥游》。虽然她教中国孩子学英语，却常常强调学习中国文化的重要性。

四　在海南每天都是新鲜的

在海南的 12 年，伊丽莎白常常会有恍如隔世的感觉，她不住地感慨海南的变化。"太快了，一切都在变化，每天生活里都有不同的惊喜，最惊奇的是人们的适应速度如此之快，不到一个星期，就能接受新事物，将新事物自然地融入日常生活。"

"海南的公共交通非常、非常、非常方便，我可以去我想去的所有地方。"伊丽莎白连用了三个非常来表达她的满意。"海南的城市规划越来越合理，基础设施也越来越便利。在美国，有些地方是不通火车和公共汽车的，去乡下很不方便，多数人只能选择自驾。"

"在海南，只要一个手机，就能去任何地方，买任何东西，甚至农贸市场卖水果蔬菜的阿叔也会用微信收款。"中国互联网的发展让伊丽莎白称奇，她表示微信已经是她生活中的一部分。"一个 App 就可以集交流、支付、获取信息于一体，甚至还有语言翻译功能，像是一个大的朋友社群，可以实现许多生活诉求。"

为了方便来海口的外国人，伊丽莎白因时制宜地建立微信群，在群里介绍她多年以来在海南的生活经验，为初来海南的外国人分享吃住、出行、医疗等攻略。"在海南的每一天都是新鲜的。"伊丽莎白说，海南日新月异的变化让生活充满了新鲜感，希望未来一直可以留在海南，感受海南的发展与变化。

（本文原刊载于 2018 年 3 月 26 日《海南日报》，

收入本书时文章有所改动。）

手笨，干不了别的，玩儿纸吧

刘梦晓

进行艺术创作不一定需要花巨资，只用纸条和胶水也可以创作出精美绝伦的艺术品，衍纸艺术就是这样的。

说起衍纸，许多人或许对这一名词感到陌生。但在商场、酒店、艺术馆的装饰品、装饰画中，却不难见到一幅幅精美的衍纸作品。

这项起源于几百年前欧洲的纸质工艺，如今已飞入寻常百姓家，越来越多的手工艺爱好者乐于尝试这项手工艺术，用最平凡的纸条，佐以创意和对艺术的理解，成就了指尖上的诗和远方。

一　源于欧洲的古老手工

在海南大学的美术教室里，"海大小笨笨"协会的会长崔阳展示着协会会员近段时间来创作的衍纸艺术作品。等宽的纸条，经过灵巧的设计、制作，变成了一幅幅"纸雕塑"；紫色、浅紫色的纸条经过曲折处理卷成一颗颗葡萄粒，绿色系纸条折叠成绿叶，一幅《葡萄》应运而生；卷曲的纸条相互拼接，颜色配比得当，经过设计组合成一条婚纱；七彩的纸条经过拿捏，雏菊、水草、莲花"繁盛生长"……

"这些看似复杂的作品,制作工具却十分简单。"说罢,崔阳拿出了衍纸作品的创作工具——宽度相同的各色纸条、胶水、卷笔及衍纸模具。崔阳介绍,在衍纸艺术的创作中,卷、捏、贴是最常用的手法,通过这样的处理,将纸条制作成一个个形式各样的小元素,再通过组合拼贴形成一件具有整体可观性的艺术品。

"海大小笨笨"是在海南大学团委支持下成立的手工协会,自大三上学期担任协会会长以来,崔阳就时常和社员们开展衍纸制作。"协会是从 2015 年开始制作衍纸的,我们还购买了专业的衍纸制作教材。"

说起衍纸艺术的起源,在朱立群《衍纸的艺术》一书中提出,衍纸是一门十分古老的艺术形式,诸多资料显示其雏形源自古埃及。而它成为一项比较成熟的手工艺,是在中世纪的意大利和法国。相传,在 15 世纪的地中海地区,教会中比较贫穷的修女常利用制作经书的镀金纸边角料,用羽毛笔将其卷成卷并捏成各种形状,最后粘贴组合,来装饰修道院里的圣画和圣物箱。

此后衍纸技艺流入民间,表达方式更加多元化。此外,衍纸艺术的材料购买方便、价格低廉,平常百姓也能消费得起。

二 衍纸艺术的表达需要技巧

纵览多个衍纸作品,有的简洁大方,有的细致玲珑,有的则是匠心独运,凝聚作者的抽象意识。制作者通过色彩的搭配和别出心裁的设计,赋予纸条灵魂之美。

衍纸工艺是将雕塑和绘画技艺承载体转换为纸,但表现力并不落后于其他艺术形式。"在学习衍纸制作的时候,我们还要学习很多和艺术相关的内容。"崔阳坦言,想要制作简单的衍纸作品,只需要动一动手,按照制作的套路走下去,也能完成一幅作品。可如果对作品的艺术性、观赏性有要求，要制作出"高大上"的作品，就必须要学习衍纸制作的相关课程。

所谓"高大上"，体现在衍纸作品的制作技巧、配色技巧上，更重要的是制作者对艺术的理解。"当一幅衍纸作品摆在我们面前的时候，我们首先会被它表象的颜色所吸引，颜色的搭配能传递作品的感情基调。"崔阳说，红色热情似火、奔放、活泼，橙色青春、动感、有活力、有张力，蓝色宁静、自由、清新，紫色神秘、高贵、优雅……所有与美术相关的色彩搭配规则，在衍纸的世界里都适用。但人们更应该透过作品的背后去观察创作者的意志，因为究其根本，衍纸的灵魂是创意。

以"海大小笨笨"创作《海南大学校徽》为例，校徽是具体存在的形象，但如何用线条优雅地摆在底板上，将衍纸作品做得惟妙惟肖，可让设计者废了不少心思。"那些看似难做的立体花朵、枝叶反而是最容易把握的。反倒是作品中如果用纸条摆造型，才是最难掌控的。"崔阳说，这幅作品是"海大小笨笨"前任会长李凯设计，构思好了比例，将图案手绘在底板上，一遍遍尝试保持纸条的流线型，再将纸条粘牢，"受纸条属性的影响，要让纸条自然游走，就要付诸足够的耐心，并有毅力不断尝试"。

三 颇受欢迎的 DIY 艺术

衍纸艺术诞生于生活实际，尽管几百年的时光流逝，它依旧有它的魅力。在某些商场或餐馆里，一幅简洁的衍纸作品，通过温暖的纸条、颜色，配以流线型的美感，能够给人温馨宁静之感。

"艺术最大的好处是不拘泥于形式，而衍纸艺术又是很容易入门的。""90 后"教师吴霞，也极其热爱手工艺制作。一次在上网时，见到了绚丽缤纷的衍纸作品，此后就乐此不疲沉浸于衍纸艺术中。很快，她就学会了衍纸艺术作品的制作技巧。

不仅如此，自学衍纸制作的吴霞，还把这门艺术带到了课堂上，也颇受学生欢迎。"我们都知道'DIY'可以锻炼学生的动手能力，且作为一门艺术它能给学生们在审美上、理解力上带去良性的影响。"说起开设衍纸课程的益处，吴霞滔滔不绝。

吴霞举例，如今衍纸艺术已经成为许多艺术家谋生的手段，其经济效益不可小觑。如用"纸"作画的俄罗斯衍纸艺术家Yulia Brodskaya。艺术家通过对纸条颜色、细节、弧线、动感等方面的把控，各个环节在作品中完美结合，出神入化地勾勒出惟妙惟肖的线条轮廓，让看过的人都叹为观止。

《衍纸时光》一书展示了孔雀、中国结、荷花、牡丹、中国山水等浓郁中国风的衍纸作品。衍纸艺术与中国元素的结合，又是另一番美感。

"如果说衍纸艺术给我带来了什么，那就是一种心路逐渐归为宁静的过程。透过作品，能够看到一个人细腻的内心。好的作品，一定是宁心静气去完成的，而我最享受的就是那份心无旁骛的状态。"对吴霞来说，纵然生活中烦恼有很多，但只要一投入衍纸创作，心情便平静下来，"撇开烦恼，磨砺心性，人们会在进行衍纸创作的过程中，安享时光"。

（本文原刊载于 2017 年 3 月 13 日《海南日报》，

收入本书时标题略有改动。）

国家主席称赞过的学生

周　元　陈　菲

"没想到习主席在我的祖国演讲时提到了我的名字。当时我的第一反应是,是不是听错了。中国有很多大城市、很多哈萨克斯坦留学生,为什么选了这么远的海南,为什么选了我?"海南大学国际文化交流学院大三学生鲁斯兰用流利的普通话接受记者采访,语气中带着惊喜。

国家主席习近平今天在哈萨克斯坦纳扎尔巴耶夫大学发表演讲时,对鲁斯兰多次无偿捐献罕见"熊猫血"表示称赞。他说,RH阴性血型在中国属于十分稀有的血型,被称为"熊猫血"。这种血型的病人很难找到血源,哈萨克斯坦留学生鲁斯兰正是这种血型,在中国的海南大学读书期间,鲁斯兰自2009年起参加无偿献血,每年两次,为一些中国病人解除病痛做出了贡献。这充分说明了两国人民心心相印、亲如手足。

"我喜欢中国,喜欢海南。"鲁斯兰说,他对海南可算是一见钟情。

一 16 岁独自游历中国 对海南一见钟情

长着一头黑发的帅小伙鲁斯兰，乍一看并不像是外国人，尤其是听他说那么流利的普通话后，更让人难以相信了。"我来海南 5 年了。这里就是我的第二个家。"鲁斯兰说。

1992 年出生的鲁斯兰 2009 年初第一次来中国旅游，那时他还未满 17 岁。抱着锻炼自己的想法，身为家中独子的他拒绝父母同行，独自在中国游历。乌鲁木齐、北京、上海、苏州、重庆、深圳……他一路从西到东、从北向南。海南是最后一站，也就是在这一站，他停留至今。

"之前我对海南一无所知。只是在中国地图上看到了有这么一个岛屿，有了兴趣，再到网上搜海南的照片和资料，才发现这里很漂亮，便过来看看。"鲁斯兰说。

从小在世界上最大的内陆国家长大，鲁斯兰对大海有特殊的向往和亲近。海南的碧海、银沙、蓝天以及清新的空气、丰富的物产都对他产生了莫大的吸引力。年少的他做出决定——留在海南读书。

在父母的支持下，鲁斯兰 2009 年在海南大学开始了自费留学生涯。头两年，他主要学习汉语，2011 年正式入读海南大学国际文化交流学院工商管理专业。

"进校后，老师给我起了一个中文名字叫'蓝天'。这个名字正像海南的天空，我很喜欢。"鲁斯兰说。

二 爱交中国朋友 乐于助人 综合素质高

鲁斯兰有着一副热心肠，喜欢帮助别人，喜欢交朋友。正是这些中国朋友，让鲁斯兰很快就融入海南的生活。

"吃饭，jiamo；干吗，duomi；你好，nuho……"鲁斯兰一边说着简单的海南话，一边翻看手机里的记事本，里面记了好多常用海南话的读音。他说，这些海南话是他一位海南朋友的爸爸教的。他经常去这位朋友家为他4岁的双胞胎女儿教英语，陪她们玩，小女孩的爷爷奶奶非常喜欢他，没事就教他说海南话。

鲁斯兰在海大还有一个开茶店的好朋友，叫"陶哥"。鲁斯兰的献血生涯就是从陶哥开始的。

"当时献血车开到了校园，我看到陶哥夹着胳膊从车上走了下来。我问他外国人可不可以献血，得到肯定的回答后，我就走上车了。"鲁斯兰说，直到这次，他才知道他的血是O型RH阴性血，在中国人中很少见。为了帮助更多的稀有血型患者，鲁斯兰从2009年起，每半年就要献一次血。

"每次献完血，我都会请他喝杯红枣茶补血，再给他做点好吃的，补补营养。"鲁斯兰的女朋友格日勒笑着对记者说。格日勒是海南大学蒙古籍留学生，去年毕业的她目前正在海口一家建筑设计公司工作。

在格日勒的眼中，鲁斯兰是个很热情、善良的男孩。他爱打篮球，语言天赋很好，不仅汉语流利，还会说俄语和英语。所以，外国朋友在海南碰到了什么困难，他都义务给人家做翻译、当导游，中国朋友想让他给孩子教英语，他也欣然前往。

海南大学国际文化交流学院院长杨云升告诉记者，鲁斯兰无偿献血的事，他自己从来没有告诉过老师，学校也是这次才知道。"鲁斯兰不仅乐于助人，综合素质也高。"杨云升说，今年全国举行了留学生"留动中国"大赛，这是一个综合性比赛，既有运动项目，又考中国文化和团队精神。鲁斯兰得到了"留动中国"大赛海南赛区团队二等奖、个人一等奖。

三 希望留在海南工作 愿做中哈友谊使者

还有一年时间，鲁斯兰就要毕业了。他告诉记者，他想留在海南，找一份和专业对口的工作。"我女朋友也在海口工作，我们都很喜欢中国、喜欢海南，希望将来能一起留在这里。"鲁斯兰说，尽管家乡距离遥远，但他在海南并不感到孤单。这里有很多热情的中国朋友，逢年过节经常邀请他到家里做客，而且现在到海南旅游的外国游客，包括哈萨克斯坦游客也越来越多。

更重要的是，每年召开的博鳌亚洲论坛年会，将海南与他的家乡紧紧地联系在了一起。

"去年博鳌亚洲论坛年会，我们国家的总理来到了这里。有些遗憾的是，我事后听中国朋友说起才知道。"鲁斯兰说，对今年（2013年）博鳌亚洲论坛年会他格外留心，看到总统纳扎尔巴耶夫来到海南，在会场上发表主旨演讲并和习主席会谈，他对海南更有了一种家的感觉。"如果有机会，我想在博鳌亚洲论坛年会当一名志愿者。"他说。

确实，对鲁斯兰来说，海南是联系他的祖国与中国友谊的一架特殊桥梁，而他，十分愿意做一名中哈友谊的使者。

（本文原刊载于2013年9月8日《海南日报》，
收入本书时标题有所改动。）

交 换 生

许　欣

　　这是一种奇妙的缘分。受益于海南大学与英国纽卡斯尔大学的合作交流，原本素不相识的一批大学生，切换了彼此的生活空间和生活方式。在全方位体验对方国度的教育方式和文化特色时，又产生了哪些精彩的碰撞呢？

一　在海南学习的日子

　　同学们时常看到德杰克背着一把吉他，神清气爽、自信满满地走在校园里。他说，自己在海大遇到了很多很棒的朋友，他们常常一起去吃饭，去白沙门吹风、聚会等，有时候一起在海边弹吉他，或者穿拖鞋在海边散步，感觉生活美极了。

（一）入乡随俗，爱穿拖鞋到海边散步

　　如果不是高鼻梁和蓝眼睛"暴露"身份，来自英国的德杰克、贝慰理与海口街头的小伙子们没有太大差别，他们把头发剪得很短，喜欢穿清凉的大短裤和拖鞋。

　　刚来海南时，这两位英国小伙穿得整整齐齐地逛街，总会被

人盯着看，还不时有人指着他们说："噢，外国人！"而现在，擦肩而过的人很少再回头看他们。

此前他俩是英国纽卡斯尔大学的在校生，在上大三时，获得置换学习机会，2013 年 9 月来海南大学学习汉语。纽卡斯尔大学与中国北京、上海、成都、重庆、海口等好几个城市的大学有合作关系。德杰克和贝慰理在选择中国留学学校的时候有一张单子要填，写上他们的第一志愿、第二志愿……他们俩都把海南大学放在留学选择的第一位。因为他们都提前做过"功课"了，知道海南气候好、空气清新、生活舒适。而且，这里的外国人不算太多，适合学习汉语。

（二）爱吃中国小吃，才艺大赛夺得第一名

与很多留学生一样，这俩英国小伙特别喜欢中国美食。他们常在学校食堂吃经济小炒，还喜欢去第六食堂二楼吃各地小吃。"在海口，有风味不同的外国餐馆。平时可以打牙祭。"德杰克说，海大北门有家外国人开的"门廊咖啡"，里面有他最想念的全麦面包。有时候他会去泰国菜馆以及世纪大桥那边的瑞士餐馆。

谈及校园活动，德杰克说，自己几乎是"能参加的都参加了"。他很享受参加活动的过程，一是认识了很多好朋友，二是汉语进步了很多。去年他参加"琼州杯"国际学生汉语与才艺大赛，先拿到了海大的第一名，又在全省的决赛中脱颖而出再次获得冠军。在校运动会上，他长跑获得第二名。前不久，他又参加"校园十大歌手"比赛一举进入决赛。

德杰克很兴奋地说，因为参加"琼州杯"国际学生汉语与才艺大赛得了第一名的事儿，放寒假回英国的时候，他被报社记者采访了。回中国后他爸爸给他打电话说："德杰克，你上了英国《每日电讯报》！"全家人都特别开心。

（三）能用汉语对话，赞中国成语非常形象

德杰克、贝慰理在纽卡斯尔大学所学的专业是现代语言。刚来中国时，海南大学对每一位新入学的留学生先进行分班考试，要求他们读课文和读一些音近字，因为表现还算不错，德杰克和贝慰理在考完试后都被安排到了 C 班。而今，两个小伙子进步很快，从来海大，还不到一年，基本可以用汉语对话。尤其是贝慰理，简直是一个语言迷，在大学期间他可以选择学习一至三门语言，如德语、西班牙语、汉语……他除了母语英语，还学习过法语和西班牙语。他认为法语和西班牙语都不难掌握，不是因为自己聪明，而是因为在英国的生活环境和自己的母语优势。之所以选择学习汉语，有一个理由是为了挑战自己。

海大以"因材施教"方式帮留学生安排课程，根据他们的进度编班推动学习。现在贝慰理已经进入 D 班学习汉语，而德杰克由于学习特别积极努力，已经直接由 C 班跳到了最高级的 E 班。

德杰克平时所学的课程包括综合、视听说、阅读、写作、文化等。他最喜欢综合课，觉得综合课学习效率高，学到的东西能很有效地运用到生活中。他的观点是，"真正学到东西才是有用的，去公司应聘的时候，说一口流利的汉语比拿一张 HSK 六级证书更有说服力"。

贝慰理说，他最喜欢上习惯用语课。"我超级喜欢中国的成语、谚语、俗语。"贝慰理随口说出了一个有趣的成语"杀鸡儆猴"，他觉得中国成语能够特别形象地描述事件，把这句话翻译成英文，同样意味深长。

谈及未来的职业规划，德杰克说，他已经在英国找到了一家国际公司实习，那个公司在中国拥有不少业务，他相信自己将来会拥有施展语言才能的舞台。

贝慰理是一个向往自由的人。他希望自己可以一辈子打工加旅行。比如说，今年打工挣钱，明年去一个未知的地方旅行，后

年再在一个新地方打工，循环往复。

二　在英国学习的日子

海南大学 2011 级学生覃舒熔去年以"交换生"身份进入英国纽卡斯尔大学学习，他发回邮件谈感受：英国的大学生活决不轻松。

（一）作业不多，阅读量超大，学习很辛苦

大量阅读是必需的。所有课程的教授都会列出一份阅读清单，其中必读书目少则两三本，多则七八本，而推荐书目常常多达三四十本。另外，每周上大课前，教授都会上传本周的必读章节，通常有三四十页，几门课加起来，每周要看的书常常多于 100 页。

如何检查学生是否读书了呢？手段是论文和考试，课程成绩主要根据这两种形式给出。首先是论文，比如"英国文化"这门课的期中论文主题是"根据英国的书籍、电影、艺术等来写出你对英国文化某一方面的认识"，字数要求为 3000 字，如此开放的题目考察的便是学生阅读的广度与深度。一般来说，读书越多，分数越高。他想写主题为"英国女性教育及其社会等级"的论文，而老师并没有推荐这方面的书籍，他花了一星期时间在图书馆查找，阅读了八九本书之后，终于如愿交了论文，也获得了不错的成绩。

在考试中，通常会遇到一些开放式问题，足以区分出阅读的广度与深度。借用一位学姐的话，就是"要想成仙，阅读必先"。

2013 届海南大学赴纽卡斯尔大学交换生朱莎莎说，学校里到处都是自习室。几乎每幢教学楼的每个楼层都有好几个自习室。很多自习室是全天 24 小时都开门的。在图书馆，尤其是快到期末交论文的时候，大半夜你也能看到大批学生在埋头苦读。有些

人甚至提着一天三顿的伙食驻扎在图书馆里，桌上堆着的书高过脑袋。

"谁说英国的学生们课业轻松、作业少？他们平时作业是不多，周末也爱逛逛酒吧、闹闹 Party，但如果不想过着期末每天驻扎图书馆的日子，还是不能过于懈怠。"朱莎莎说。有一个室友是学建筑的，他一天只睡几个小时，很少做饭，一做就做出一大桶够吃两天的意大利面，一下子切 6 个洋葱 5 个番茄下去，真是让自己大长见识。

（二）社团活动多，每人至少参加两个社团

朱莎莎说，英国的大学里，社团活动占据了学生很多课余时间。每个学生至少会报两个以上的社团。这些社团很看重学生的自主参与度，只要你愿意参与，随时欢迎。

"我报名参加学校广播站，不用面试，也没有特别专业的培训，校友只是带着我操作了一下基础设备，在旁边听了一期节目，便让我自己直接去做节目。即使出了洋相，也没有淘汰这一说，有的是满腔的热情与共同的兴趣。"朱莎莎说。刚开始的时候自己一直犯错，不敢在播音的时候插话。但同伴都非常善解人意，经常在节目中给自己机会，鼓励自己参与讨论。记得那次为了准备马来西亚航班失踪的新闻稿，她找遍了网上所能接触到的相关新闻，从 BBC、CNN、*Daily Mail*、*Chinadaily* 到 CCTV，整理了整整一个晚上，终于在电脑上敲出了当天的稿件。在那期的节目中，他们对新闻进行了深入的解读，同时采访了一些学生和相关专业的老师。节目受到了很大的关注和好评。"有时候，为了准备第二天的资料要花很多的精力。"朱莎莎说。

（三）英国学生自主学习，父母很少干涉

海大 2011 级经贸英语 4 班的梁梦晓说，在纽卡斯尔大学，除了学会了"多角度看问题"，"百年教育典范"教给自己最多的便是"自主"二字。从授课、自学时长可见一斑。

总的来说，英国的学生从小受父母的干涉比较少，学生们很早就知道自己想要什么，对什么最感兴趣。对于不喜欢的东西，即使别人强迫，他们也不愿去做。他们习惯于自己去做决定，追求自己想要的人生。

（四）酒吧聚会很寻常，买酒必须出示 ID

"跟我住在一起的英国学生，几乎每到周末就会到酒吧聚一聚，好好释放一下自己。"朱莎莎说，英国人的主要娱乐活动除参加 Party 以外，主要是去酒吧喝酒。她原来以为酒吧环境会比较乱，但经过一番体验后，她发现，英国对酒吧的管理是非常严格的。每次进入酒吧，门口高大威武的保安负责查看每一个人的 ID（身份标识号码）。去英国的超市买酒，你也必须出示 ID。在英国人的生活里，酒吧是很重要的一部分，很普遍也很寻常。就像中国人聚会喜欢吃饭、看电影一样，有助于消除一整周工作或学习导致的疲惫和压力。

（本文原刊载于 2014 年 6 月 17 日《南国都市报》，
收入本书时标题有所改动。）

图书在版编目（CIP）数据

海大轶事 / 李长青主编 . -- 北京：社会科学文献
出版社，2018.9
ISBN 978-7-5201-3319-7

Ⅰ.①海… Ⅱ.①李… Ⅲ.①海南大学-校史 Ⅳ.
①G649.286.61

中国版本图书馆 CIP 数据核字（2018）第 192860 号

海大轶事

主　　编 / 李长青

出 版 人 / 谢寿光
项目统筹 / 佟英磊
责任编辑 / 佟英磊

出　　版 / 社会科学文献出版社·社会学出版中心（010）59367159
　　　　　地址：北京市北三环中路甲 29 号院华龙大厦　邮编：100029
　　　　　网址：www. ssap. com. cn
发　　行 / 市场营销中心（010）59367081　59367018
印　　装 / 三河市尚艺印装有限公司

规　　格 / 开　本：787mm×1092mm　1/16
　　　　　印　张：13　字　数：165 千字
版　　次 / 2018 年 9 月第 1 版　2018 年 9 月第 1 次印刷
书　　号 / ISBN 978-7-5201-3319-7
定　　价 / 69.00 元